有效教学模式的实践

初中数学课堂的实证研究

刘志华 著

天津社会科学院出版社

图书在版编目（ＣＩＰ）数据

有效教学模式的实践：初中数学课堂的实证研究 /
刘志华著 . -- 天津 : 天津社会科学院出版社 , 2021.4

ISBN 978-7-5563-0725-8

Ⅰ.①有… Ⅱ.①刘… Ⅲ.①中学数学课 – 课堂教学
– 教学研究 – 初中 Ⅳ.① G634.602

中国版本图书馆 CIP 数据核字 (2021) 第 070896 号

有效教学模式的实践:初中数学课堂的实证研究
YOUXIAO JIAOXUE MOSHI DE SHIJIAN:CHUZHONG SHUXUE KETANG DE SHIZHENG
YANJIU

出版发行：天津社会科学院出版社
地　　址：天津市南开区迎水道 7 号
邮　　编：300191
电话 / 传真：（022）23360165（总编室）
　　　　　　（022）23075303（发行科）
网　　址：www.tass-tj.org.cn
印　　刷：高教社（天津）印务有限公司

开　　本：787 × 1092 毫米　　1/16
印　　张：14.5
字　　数：220 千字
版　　次：2021 年 4 月第 1 版　2021 年 4 月第 1 次印刷
定　　价：68.00 元

前言（代序）

习近平总书记曾经指出："全国广大教师要做有理想信念、有道德情操、有扎实知识、有仁爱之心的好老师。"教师职业的内涵是动态发展的，其随着时代的发展变化而变化。新时代赋予教师新的使命，教师只有不断汲取时代的精神养料，努力提高师德和育人水平，才能让自己长足发展。

以"学生发展为本"的新一轮基础教育课程改革，正日益成为当前中学教育教学改革的主旋律，它必将对当前教育乃至社会的发展产生深远影响。在"一切为了学生、为了学生的一切"的影响下，学生的地位被提升到前所未有的高度。然而，学生的主体地位要靠教师实现，教育教学思想的实施也要依靠教师。教师是新课程改革成败的关键，广大教师应该积极行动起来，主动顺应新课程改革的历史潮流。

新《全日制义务教育数学课程标准》实施后，初中数学教学难度有所增加，其表现为对基础知识考查得更加细致，问题背景、题型具有新意，对学生的学习要求有所提高。这对教师的教学效率提出了更高的要求。初中生具有一定的独立思考能力，在学习上不必过分地依赖教师。但现实中，有的学生做数学题时只是在等着教师给答案、照搬答案，忽略了解题的过程。这一现象说明，教师在教学过程中对学生独立思考能力的培养应给予足够的重视。刘志华老师在多年数学教学实践中，

不断钻研、反思、实践，并将自己的教学感受整理出来，为教育事业做出自己的一份贡献。

有效教学是针对课堂教学效果提出的，教学效果是教学预设的目标与教学实际达成效果的吻合程度。强调有效教学目的是提高教学效果，促进学生学科知识与学科能力的发展。换言之，没有教学的效果和质量，教学就是无效的。有效教学没有固定的模式或程式，而是一种充满个性和创造性的，高度灵活、无固定模式的教学活动形态。某一教学活动"有效"，是因为该教学活动有助于提高教学效果与质量，有助于达成预定的教学目标。有效教学的实现尽管需要学生的参与配合，需要密切关注学生的身心及行为变化，但其主要是教师的一种教学行为、教学观念、教学创意与创举，至于这种教学行为能否引起学生的参与热情、学习动机，能否达成预定的教学目标，最终取决于教师对教学规律、教学原则、教学理念的灵活驾驭与创造性地运用。也就是说，学生的发展与变化是教学行为有效与否的"显示屏"，教师才是有效教学活动的实施者和责任主体。有效教学不是一种模式化的教学模式，而是一种具有广阔创造空间的教学活动；有效教学不是一种教学活动的具体形态，而是一种为提高教学效果而不断探索、改进、优化的教学过程。

《有效教学模式的实践——初中数学课堂的实证研究》一书共有七章，全书以初中有效教学为主线，分析了信息技术背景下初中数学的探究式教学，并以核心素养理念为指导，着重探讨核心素养视域下有效教学策略的实施。

信息技术能够为学生的知识探究提供良好的平台，能够为学生的自主学习提供较大的空间。对于初中数学教学过程而言，信息技术能够发挥很好的辅助功效。本书在第一章主要探讨了以信息技术为载体的初中数学探究式教学，论述了其界定、理论依据、开展原则与教学措施，进行了实验研究分析，然后通过教学片段的举例，加深对这一教学模式的理解与运用。

新课程的改革在全国各地飞速发展，效果很明显。教师必须理解新课程改革的理念，从传统教育中走出来。"问题—探究型"的课堂教学模式从问题出发，整个课堂都紧紧围绕问题展开,教师通过精心设置的问题引导学生,启发学生的思维,使他们进入探究式学习的过程,从而有效地、有创意地解决问题。该课堂教学模式把因课堂引发的新的开放性、发散性问题作为课堂教学的主线。本书在第二章主要展示了"问题—探究型"网络课的问题情境设计,首先明确了探究问题的界定与选择原则,接着概括了数学课程探究问题的类型、问题情境的设计,最后给出了创设问题情境的策略。

全国教育系统劳动模范钱梦龙早在二十多年前就提出"学生为主体"这一观点,即学生在教学中处于主体位置,而教师在教学中处于客体位置。面对中学教育课堂中主客体不分的问题,可以通过"换位教学"来解决,这样可以拓宽学生的思维空间,发挥学生学习的主观能动性,增强学习效果。我们知道,教师的教学能力和努力程度是影响教育质量极为重要的因素,但仅此还不能保证教学活动卓有成效地开展。学生作为受教育者,其最佳状态应是积极主动地接受教育影响,对教育活动拥有某种"主动权"。为了保证教育活动卓有成效,教师应对学生进行有效的激励。本书在第三章主要论述了初中数学新课改教学中的师生角色问题和有效激励策略,对实现有效教学提出自己的见解。

学生在学习过程中,难免会出现一些错误,数学学习亦是如此。一些教师在处理学生错误的时候,只是简单地将学生的错误圈出来,让学生将错误抄写多遍,这种处理方法过于简单,对学生纠错能力培养的重视程度不够。教师要改变传统教学理念与教学方式,培养学生的纠错意识与纠错能力,从而提高学生的数学成绩。刘志华老师在本书第四章给出了一些培养初中生数学纠错能力的方法。

在教育信息化发展的今天,教师可利用互联网技术,用数据统计方法分析学生的考试情况,为教学诊断提供可靠的信息和手段。在本书第五章介绍了基于大数据分析的试卷讲评课教学现状、探索过程、内涵、特征及理论基础、实施操作,通过有效讲评,不仅能使教学更有针对性和科学性,提高教学效率,而且有助于学生了解自己的知识掌握情况,查缺补漏,促进学生进一步构建完善的知识体系,提高分

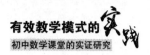
析解决问题的能力。随着基础教育课程改革的不断深入，校本研修蔚然成风，各级各类学校对校本研修的模式进行了广泛而有益的探索。

本书第六章通过对比不同学校的校本研修现状，分析校本研修目前所遇困境以及解决办法，正确理解了校本研修的意义。本书第七章展示了在初中数学有效教学中的部分教学设计课例反思，对业界同僚有一定的借鉴意义。

功名利禄心不存，唯愿桃李满天下。希望刘志华老师此书的出版，能对新课改背景下初中数学有效教学的实施有一定的启发意义，在提高学生学习效率和学习能力的同时提高教师自身的教学技能和专业化水平。

天津市咸水沽第四中学校长　张贤松

2020年10月

目录

绪 论
有效教学与初中数学教学

　　随着新课改的纵深发展，课堂教学效率有了明显的提升，但是在初中数学课堂上依然存在课堂教学效率偏低，教师的教法与学生的学法不甚科学的现象，有些学生对学习数学的兴趣不高。如何提高初中数学课堂教学的有效性？如何让学生喜欢学数学？针对初中数学课堂教学有效性问题进行剖析可知，课堂上学生学习积极性的激发，需要教师创设合适的数学情境；教师确定教学目标要结合学生实际；针对教学目标与教学内容的不同，教师应采取不同的教学方法，将问题放置在具体的情境中。教学过程应选择合适的教学方法，调动学生学习的积极性，以学生为主体，把课堂还给学生，数学课堂有效教学的重要途径是学生积极参与。

　　无论任何阶段的课堂教学其原则都应当指向一点，即有效教学。然而怎样才算是有效？近年来，《全日制义务教育数学课程标准》的实施对这些问题给予了回答。《全日制义务教育数学课程标准》指出，知识技能、情感态度和价值观是课堂教学有效性凸显的三个要素和根本。其中，情感态度和价值观需要通过长时间的培养与积累才能获得，而知识技能则需通过每一堂课的学习。

　　随着新一轮基础教育课程改革的不断深化，传统的教学大纲逐渐被新课程标准替代。与传统课程标准相比较，新时期的初中数学课程标准体现了哪些不同？广义来说，激发学生积极思维，培养和发展学生的数学思维。狭义来说，在教学过程中归还学生表达观点、探究未知的权利，构建个性化的教学模式，体现

学生的主体地位。在教学过程中,每一堂课都是验证理论的过程。新时期的数学课堂,知识点被迅速提炼出来,进而进行实践验证,学生在理论与实践交融中获得知识,只有这样才能构成有效课堂。

一、从数学教学实际看数学教学设计现状

(一)课堂教学问题的表象

新课程标准从教学内容到课堂教学都提出了新的标准和要求,但在有些教师的课堂上,教师教学行为的变化和学生学习方式的改善不明显,学生的主体地位没有充分表现出来,教师的主导作用偏离了方向。突出的问题表现在以下方面:

第一,在教学目标的确定上,对三维目标中的知识与能力关注得多,对过程和方法、情感态度和价值观关注得少。表现在课堂教学中则是教师对学生是否掌握了本节课的知识或知识掌握的程度比较感兴趣,没有在学生如何得到知识或知识产生的背景上努力,对学生获取知识的方法指导比较少,在确定情感态度和价值观时,要么没有,要么没有联系学生的实际,不从学生身边熟悉的事物或事情出发来确定。这说明教师对课程标准和教材了解不够,没有充分理解课程标准和教材的意图,从而谈不上灵活运用教材。

第二,在课堂教学中,教师比较关注教材,对教学内容及教学过程设计得比较多,对学生关注得少,特别是对学生的思想、思维关注得太少,造成教与学"两张皮"。

第三,在教学过程中,没有充分发挥学生学习的主动性,忘记了以学生为主体,教师讲得多,但给学生自我学习的机会少。1632 年,捷克教育学家夸美纽斯在《大教学论》中提出教学的"主要目的在于寻求并找出一种教学的方法,使教员因此可以少教,学生可以多学"。有效教学要把"教师少教,学生多学"作为基本纲领。

第四,针对学生的实际情况,在课堂教学过程中,没有坚持"低、小、多、快"

的原则。针对这样的状况，教师应该在课堂教学过程中，尽量降低要求，特别是在复习引导这个环节中，找准学生的基点，从低起点开展教学活动。如果让学生看过书后再提出问题，而不是教师事先设计问题让学生来回答，教师就会知道学生已经掌握到了什么程度，教学节奏会符合学生的实际情况，师生心灵能够沟通，思想上能够形成共鸣，师生双边活动的有效性就能够得到提高。

第五，在课堂教学中，教师的评价和对课程资源的挖掘也存在一些问题。诸如教师评价方法太单一，形式单调、语言无感染力，没有充分发挥评价的激励功能，对课程资源的理解不够透彻，没有关注学生、自己身边、学校周边的课程资源，等等。这一问题具体表现在教师在课堂上只关注教材，不关注与本节课有关的教具、学具的使用，对远程教育资源的使用率不高，对本地区的优势资源没有挖掘到位，师生自身的资源教师视而不见，联系生活实际太少，等等。

第六，教师的基本功和学生的学习习惯有待提升。一些教师在课堂上激情不够，语言没有启发性和感染力，教学智慧和应变能力不够，用词准确性差，时间利用率不高。一些学生课前准备不充分，预习的少，教师讲课时注意力不集中，不善于倾听，教师提出问题后，兴致不高，思维不活跃等问题表现突出。

(二)教学设计现状分析

教学设计是教师教学工作的重要组成部分，教学设计能力是教师专业化的重要体现，是影响教学效果的重要因素之一，良好的教学效果的形成一定是从教学设计开始的。新课程实施以来，一部分教师的教学设计存在以下问题：

首先，教师虽然重视过程教学，但对于学习方法的指导不够。知识可以成为创造力的翅膀，但只记住知识的结论，不能灵活运用知识，创造能力仍然难以提高。传统课堂教学把知识看成是一成不变的绝对真理，在知识的传授上侧重于"教师讲授，学生听讲"。从创新学习的角度看，面向过程动态地掌握知识才具有创新的价值。所谓面向过程，是指教师通过教学，不仅让学生理解知识的基本含义，更能掌握知识的来龙去脉、相互关系、掌握相应学科知识的点、线、面、网交织而成的知识结构，从而建构学生个体的认知结构。这样的知识

才是具有创新能力的知识，才是能够用来创造性地思考和解决所面临的问题的知识。

如果教师缺乏对学生学习方法的指导，学生知识的获得多是被动的，那么这样的学生将难以达到终身学习的要求，不能适应未来社会的发展。知识经济时代，知识的更新速度加快，一个人在今天学习的知识，几年后就会迅速过时。因此，学会学习、独立探索成为 21 世纪人们必备的基本素质。教师应切实加强传授学习方法，把独立地发现问题、分析问题和解决问题的多种新方法教给学生，把学法指导贯穿于教学全过程。教师在课前备课要兼顾学法，课堂教学要渗透学法，课后辅导要点拨，强化学法，使学生学会辩证地分析、认识问题。教师要对学生进行广泛地、有针对性地学法指导，使学生对知识的掌握更具广度，对知识的理解更具深度，对知识的应用更具创造性。

其次，教师重视"问导"，但"导问"不够。充满矛盾，困惑的探索背景最容易引起学生的探究倾向，因而在教学过程中，每一位教师都能设计大量的有一定思考价值的问题。这样的问题设计，起到了让学生明确学习目标、让课堂"活"起来的作用。然而，一些教师只关注自己如何提问，很少关注怎样引导学生提问，这种片面突出以教师为中心的课堂提问，往往会忽略学生的个体适应性，这种在"生从师问"的状况下形成的学习心理依然是消极的、被动的。

我们应该更注重培养学生的问题意识，科学地引导学生提问，使课堂设问更符合学生的个性心理与学习实际，并能够充分挖掘学生的深层潜能和创造性，使学生真正成为学习的主人和探索者。因此，教师一定要注意在教学中做好"提问"的示范：一要在学习中明确学生经常会有哪方面的问题、在什么情形下可能会产生问题、针对具体内容可以提出什么样的问题。二要充分运用"问题情境法""探究发现法"等创设情境，铺设台阶，把学生引入"探究、发现、提问、解疑"的主动学习过程中，让学生以发现者的姿态进行角色活动。三要积极鼓励学生质疑。教师可以在初次接触教材时鼓励学生提问，可以在深入学习教材时诱导学生提问，可以在教学结束前留出适当时间让学生提问，可以鼓励学生课后提出问题,师生一起讨论,并将新问题引向课外或后继课程等。教师"导问"的本质是要把思维空间留给学生,把学习的主动权交给学生。

再次,教师重视对教材的重新处理,但深层次挖掘创新不够。苏联著名教学学家沙塔洛夫说过:"教师的创造性是学生创造性的源泉。"教师的创造性教学能点燃学生智慧的明烛,激起学生创造的热情。教材只为教学提供基本内容,教师必须发挥自己的聪明才智,结合各种教法的特点,创造性地组织教材,精心地、科学地构思教学的整体结构,认真推敲每一个教学细节,并巧妙地将相关学科知识引入教学,使静态教材内容变为具有探究性的研究问题,引导学生探索。把学生置于新角度、新思路、新情境与新问题之中,能够实现教学重心由教师的"教"向学生"学"的转移,改变学生在课堂上的被动地位。

最后,教师重视师生之间的双向交往,但多向交往不够。传统课堂教学是一种教师与学生单向交往的模式,现代的课堂教学观念认为,教学的单向交往模式不能反映教学活动的复杂特质,教学活动应当是教师与学生的双向交往。这种教学的双向交往活动论,在一定程度上揭示了课堂教学活动的本质特点,有力地推动了课堂教学改革。

现在的中学课堂教学中,教师大多采用这种双向交往的形式。现代心理学认为,与单向交往和双向交往相比,多向交往能最大限度地发挥相互作用的潜能,即在课堂上形成的师生之间、生生之间彼此交往、互相质疑,能够让学生的创新意识、创新思维互相影响,产生链式反应。某一学生的新看法可以激发其他学生的新看法,这些学生的新看法又可以激发更多学生的新看法,反过来影响原来的看法。如此反复循环,学生的创新意识、创新思维就能得到异常迅速的发展。课堂上,形成多向交往的方式有很多,诸如小组讨论法,教师就某些具有创新意义的问题将学生分成小组进行讨论;自主活动法,让学生选择课堂上遇到的某一个问题,自己主持、安排讨论等。

二、初中数学有效教学设计理论依据

教学设计就是教师为达到教学目标对自己的教学行为所进行的系统规划。教学设计主要解决：教什么（教学内容）、怎样教（教学方法与流程）、为什么这样教（教学理论依据）、教得怎么样（教学结果评价及反思）。教学设计能够促进教师的业务能力提高（即专业发展）、促进教师对教学理论的学习研究、促进教师对新课程标准和整个教学系统的整体把握、促进教师对学生的研究、促进教师教学质量的提高。

初中数学有效教学设计一般着眼于以下三个方面：明确教学目标、形成设计意图、制定教学过程。

（一）三维目标要全面

《全日制义务教育数学课程标准》要求："教学目标应根据知识与能力、过程与方法、情感态度与价值观三个维度来设计。"在教学中，教师是把三维目标有机整合，还是把三个维度简单机械地叠加？如果是有机整合，那么该如何进行呢？这是值得我们深思的问题。

（二）课堂预设要充分

教学中的预设性是指教师能够预知学生碰到某个知识点将会存在何种认知问题，并能够预设解决这个问题的方法。教师在备课时可以预设一个思维的情境，这样的情境能够引导学生的思维逐步地走入课堂，让学生以一种积极的情绪接受新知识。课堂预设要重点关注以下问题：

1.关注学情，分层教学。教师在课前要充分了解学生的知识储备、学习能力、情感态度等基础，辅导学生做好课前预习，针对不同层次的学生设置有梯度的问题和有层次的练习，正确引导，让每个学生都学有所获。

2.联系实际，将数学概念生活化。如在讲"三角形的稳定性"时，教师可拿出生活中常见的三角晾衣架和活动晾衣架，让学生比较两者谁更不易变形，将数学概念和具体生活实例很好地联系起来，使学生对知识掌握得更深刻，更稳固。

3. 渗透德育。如在讲"三角形的稳定性"时,教师讲到"三角形具有稳定性,而四边形不具有稳定性"时,可即时发问:"那四边形在我们生活中就没有用吗?每个人既有优点也有缺点,就像四边形虽然不具有稳定性,但却也有广泛的应用,如伸缩门、活动衣架……"在传授知识时,教师可将德育渗透其中。

（三）备课是师生双边互动式的合作

课程标准强调"教"服务于"学",教师通过与学生合作,依靠学生自主动手参与实践、合作与交流去实现教学任务。课程标准要求教师以学生的心理发展为主线,以学生的发展程度设计教学思路,预测学生可能的思维活动并提出相应对策。这就要求教师让学生参与课前的准备,让学生预习课文,自己收集相关资料（如实物、图片、数据等）,自己向亲友开展社会调查,自己制作有关学具,自己设计学习方法等。这个过程不仅能促进学生自主学习,为课堂教学做很好的铺垫,还能使教师预测到学生的需要,掌握学生的现有发展水平和情感状态,促使教师在备课时更多地从学生的实际去考虑教学方案,对症下药,有的放矢。

（四）课后反思要及时

课后反思是教师对自身教学活动的回顾和梳理,是教师对自己的教学行为和教学态度不断修正和完善的过程,是教师对教学的感性认识上升到理性认识,从经验上升到理论的过程。教案的价值并不仅仅在于它是课堂教学的准备。教案作为教师教学思想、教学方法的记录,是教师认识自己、总结教学经验的重要资料。在教学实践中,课堂一旦放开,真正活起来,就会有很多突如其来的变化,学生的一个提问、一个"发难"、一个突发事件,都会对原有的教学设计提出挑战。教师在课后把这些突发事件记录下来,对自己的教学观念和教学行为、学生的表现、教学的成功与失败进行理性分析,通过反思、体会和感悟,能够帮助自己总结和积累经验,形成能适应教学变化的、能出色驾驭课堂教学的能力。

三、初中数学有效教学设计的内涵与过程

（一）初中数学有效教学的内涵

有效教学的宗旨是通过教学促使学生知识、能力、情感态度和价值观等发展得更好。也就是说，学生的发展进步是教学是否有效的客观指标。教学没有效，并不是指教师没有完成教学内容或教学不认真，而是指学生没有学到什么或学生学得不好。有效教学的核心是要促进学生的真正成长，包括知识、能力和情感及创造力的培养，从而让学生身心得到全面健康的发展。

（二）初中数学有效教学设计的内涵

教学设计是教师为将要进行的教学勾画的图景，反映了教师对自己未来教学的一种认识和期待，教学设计在很大程度上决定了教学活动的成效。有效教学设计是按照教学设计开展课堂教学能获得较高的效率，获得较好的教学效果。从另一角度说，有效教学设计就是在教学准备之初为有效教学打下基础。

（三）初中数学有效教学过程的制定

教师在设计教学流程时，应关注以下问题：一是如何设计一节课的起始阶段。良好的开端是成功的一半，如果一开始教师就能把学生吸引住，必将促进教学活动顺利开展。二是什么时候、用什么方式复习旧知识。根据建构主义的观点，复习是对学生原有知识的再加工、再建构的过程，所以应避免无目的的复习和简单的机械重复。三是先学哪些内容，后学哪些内容，用什么方法学。四是设计哪些疑问，怎样启发学生思考。一节课的主问句有几个？这些问题的目的是什么？教师要做到心中有数，避免课堂提问的随意性。五是什么时候、采取什么方式做哪些练习题。六是学生练习中可能出现哪些问题，教师如何及时反馈、点拨、回授。七是怎样检查这一节课的教学效果。八是布置哪些课外活动，怎样组织管理这些活动。

教师在课堂教学中应做到四个展现：一是概念教学要展现概念的发生过程，力戒直接给出概念及其定义。二是命题教学要展现命题的形成过程，力戒直接给出定理、公理和公式。三是定理与公式的证明要展现思路的获得过程，力戒直接给出证明思路与解题方法。四是要展现数学方法的归纳与应用过程，培养学生数学核心素养。

（四）数学问题的设计

好的数学问题应该具有以下特点：一是问题具有较强的探索性，对学生的独立性、判断性、能动性和创新精神的形成具有一定的价值和意义。二是问题具有现实意义或与学生的实际生活有着直接的联系，有趣味和魅力。三是问题具有多种不同的解法或有多种可能的答案，即开放性。四是问题能推广到各种情形，即变通性。

（五）教学过程的"五环节"设计

环节一：创设问题情境，导入新课（架设教学与生活的桥梁）。环节二：主题探究，学习新知（收获在"过程与方法"中）。环节三：巩固强化，基础训练（深入理解，真正掌握）。环节四：课堂总结，改变认知结构（把问题留给学生）。环节五：布置作业，强化训练（及时反馈调节）。

四、初中数学的课型特点及师生行为

（一）初中数学的课型分类

初中数学课按上课的形式来划分，有讲授课、自学辅导课、练习课、活动课、实验（实践操作）课、网络课。

按教学任务来划分，初中数学课能够被分为两种：一是以教学任务的特征来划分，有新授课（突出新课教学任务）、练习课、复习课、讲评课等；二是以教学任务内容的多少进行模糊地划分，有单一课（指在一节课内仅完成一个教学任务的课）和综合课（指在一节课内要完成两个或两个以上教学任务的课）。

除此之外，还有概念课（以学生进行"代表学习""概念学习"为主的课）、公式定理课（即命题课，以学生进行"命题学习"为主的课）、习题课（即解题课，以学生进行"解决问题学习"为主的课）、复习课（以学生进行"内化学习"为主的

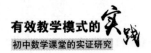

课）、讲评课（作为对上述几类"学习"的一种补充，强化学习反馈信息，培养学生对自己的五类"学习"及时调控、矫正和巩固知识的能力）。

（二）五种基本课型的特点

1. 概念课的特点。该课型中，学生是在进行"代表学习"和"概念学习"。概念课通过各种数学形式、手段，把主要的力量、最佳的教学时间用在揭示和概括研究对象本质属性的过程上。概念课应注意直观教学。概念课应解决学生"概念学习"中的几个问题：对每一个数学概念，都应该准确地给予定义；对概念（定义）的理解必须克服形式主义；概念教学必须认真解决"语言文字"与"数学符号、式子"之间的互译问题，克服学生存在的"学数学只管计算，无须花时间学概念"之类的错误认识。

2. 公式定理课（命题课）的特点。该课型体现学生的学习活动是在进行"命题学习"。公式定理课应通过各种有效的教学手段，把主要的时间用在公式、定理推导、证明的全过程上。公式定理课应让学生准确地掌握命题的条件部分和结论部分，了解公式定理中诸条件的性质和作用，掌握公式变形的各种形式。公式定理课的教学应解决学生在"命题学习"中的几个问题：培养学生从实际事物中发现和提出数学问题的能力；克服"只重结论及结论的套用，不重视公式定理的推导过程"的学习心理；解决好对公式、定理的记忆方法问题；解决好命题、定理、公式、法则等数学原理从文字到数式之间的互译。

3. 习题课（解题课）的特点。该课型应体现学生的学习活动是在进行"解决问题的学习"。习题课的教学过程应着力展现解题思维的全过程。教师应根据习题的难度、学生的知识基础及思维能力水平，铺设合适的梯度，设计好同类知识的训练题组。习题课的教学，应让师生共同交流解题思维的全过程。习题课应解决学生在"解决问题的学习"中的几个问题：对教材中的习题必须引导学生认真过好"审题"关；习题课应力求举一反三，力戒"题海战术"；认真抓好学生解题书写的规范性；注意引导学生学会自我评价。

4. 复习课的特点。一是重复性。尽管复习课按不同的教学时期、教学阶段而有不同的复习形式,但其都有共同的特征:复习课所围绕的教学内容是学生过去学过的或曾经学过的知识。二是针对性。教师要针对所要复习内容的特点,设计复习的方式方法。针对"学情",确定复习的重点和难点,选编富有启发性、典型性的训练题目。三是多样性。功能的多样——复习课具有查缺补漏、矫正偏差、防止误解、形成知识网络等功能;形式的多样——复习课的形式有归纳梳理、概括提高、综合拓展、灵活运用。复习课最终落实于提高学生的数学思维品质和解决问题的能力。复习不是简单重复,是学习进入一个新阶段。复习课更应突出以学生为主体,充分发挥教师的主导作用。不同阶段的复习课应根据学情和知识内容要求,在组织形式及安排上有各自的特点。

5. 讲评课的特点。讲评课是学生继续学习过程中的"加油站"和"调整期"。讲评课是师生双方"反馈—矫正"的过程。讲评课是上述四种课型的补充。讲评课中,教师评讲的内容和素材来源于学生。讲评课的针对性比较强。

(三)五种基本课型中师生的行为

1. 概念课中师生的行为。教师教学行为:在一般的课堂上,概念课教学应遵循学生认知心理规律的四个发展层次,即"感觉—知觉—观念(表象)—概念"。概念课上教师对新概念的引出或归纳,应遵循数学概念发生的规律。

学生学习行为:学会观察,通过观察发现共性。注意理解所学概念的来龙去脉,有何背景、有哪些限制条件和特殊规定。除教师及教材所下的定义外,学生可以尝试能否用自己的语言来表述,注意有没有其他等价的说法。相应的符号能否记牢,符号的读法、表法是否掌握。回忆过去学过的概念中,有没有相近、相似以及容易混淆的概念,注意它们之间的区别。根据所理解的定义,举出实际的例子。

2. 公式定理课(命题课)中师生的行为。公式定理课遵循以下规律:一是以一般的原理为前提,推求到某个特殊场合归纳出新的结论的演绎推理规律,即由一般到特殊;二是以若干特殊场合中的情况为前提,推求出一个一般的原理原则作为结论的归纳推理规律,即由特殊到一般。

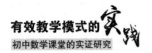

教师教学行为："引入—观察—归纳—猜想—证明"。

教师遵循的教学控制框图：数学教材中的定理、公式是一个知识体系。在公式定理课的教学中，教师应抓住本节课所讲的公式定理在体系中的"最近发展区"，寻根问源，以旧知识为基础，创设问题情境，由此启发学生理解新的公式定理。

学生学习行为：注意命题提出的背景和条件，思考将会产生的结论（大胆猜想），并用语言表达出来。敢于动脑、动手去探求验证或演绎证明。认真听取教师和同学的分析思路，和自己的论证设想进行比较，敢于争论，并汲取最优者提供的信息。弄懂推理论证过程中所涉及的数学思想、方法及特殊技巧。理解公式、定理的规定条件、结论及适用范围和功能，以典型图形表格等帮助记忆。深刻理解数学公式中各部分符号的含义，知道各部分间的内在联系，学会公式的变形。

3. 习题课（解题课）中师生的行为。教师教学行为：遵循教学控制框图：序、度、势、量，即习题所涉及的数学知识在学习过程中的序列；习题的难度。学生在习题教学中的最佳心理状态称为"势"，练习内容、学习内容的多少称为"量"。遵循由浅到深、由简到繁的认知规律。用"迁移"规律，促进学生掌握知识、形成技能。突出"精讲多练"。

学生学习行为：学会审题，自己先审题，再听听同学和老师怎样审题，发现自己的优势与不足。根据习题所提供的信息，敢于联想、猜想：过去有没有解决过类似的题目，新题与旧题有何异同？可否把"新"转化为"旧"？解决问题可能要用到哪些公式、定理、法则，要用到哪些数学方法。根据过去的解题经验，猜想解该题第一步可以怎样入手。

重视一题多解，学会批判性学习，选取最适合的解法。坚持独立思考，勤动脑、动手、动口，不依赖同学或教师的提示，按以下路径认真思考：应该怎么解；为什么能这样解；还可以怎样解。及时总结解题的成功与失败，学会举一反三。注意解题过程的表述方法和书写格式的规范。

4.复习课中师生的行为。教师教学行为：体现该题型一般的课堂结构或题组式复习课结构。遵循教学控制框图，复习课应遵循"循环出现、螺旋上升、不断深化"的认知规律。针对"遗忘"的规律，恰当而适时地安排好复习课。

学生学习行为：上复习课前，必须自己先自习；上复习课时，自我查缺补漏，及时弄清原来比较模糊的知识，不懂的问题应大胆发问。可用图表的方法，系统整理阶段性所学知识，形成自己的知识结构。通过解综合性或应用性问题，训练解题技能，及时总结，提高能力。

5.讲评课中师生的行为。教师教学行为：体现该课型一般的课堂结构，应遵循教育控制论中有关"教育控制基本原理"及"反馈—控制"的有关规律，并根据反馈信息的强弱来确定是否需要安排讲评课，以达到有效地控制教学的节奏。充分利用学习论中"借鉴学习"与"榜样学习"的原则，调动学生的学习积极性，及时纠正学生学习上的错误，起到承前启后的教学转折作用。遵循"心理学"中关于思维的"发散"与"聚敛"的规律。

学生学习行为：学会自我评价，明确自己的得失，树立学好数学的信心。对自己解题中出现的错误，认真分析原因，及时加以补救。凡在练习、测验、考试中做错的，都应该自己动脑重做一遍。注意汲取别人的经验，从而提高自己。

五、实现初中数学有效教学应重视的问题

教育教学活动的终极目的都是为了促进学生的发展。教学改革的目的就是实现更好地育人，满足学生的学习需求。解决教学中存在的问题，探索有效的教学方式和途径，从而提高教学的有效性是教学改革的目的之一。影响教学有效性的因素很多，研究认为，以下因素对教学有效性的影响比较大，如教师所掌握课程领域的知识和教学内容的知识、教师的教学技能（包括使用有效教学策略的意识与能力）、教师教学反思的能力与自我批评能力、教师的移情能力与尊重他人的品德、教师的教学管理能力等。

（一）营造民主和谐氛围，激发学生表达、交流的兴趣

交流是数学课堂不可缺少的要素，但交流需要氛围。通过创设良好的交流氛围，使学生在交流中掌握知识、发展智力，进而促进对学生创新能力的培养。没有了交流，课堂就缺少了生机，学生思维的动力不足。怕出错、顾面子，是学生交流的一个难以逾越的屏障。因此，为学生创设轻松愉快的学习环境，给学生搭建自由交流的平台，使他们乐学、渴学、会学、敢说，是教师在课堂上追求的目标。

兴趣是最好的老师。要让学生把自己融入课堂活动中，就得引发学生的兴趣，创设情境，让学生想说、敢说。教师应注意采用多种形式，吸引学生的注意，激发学生的兴趣。课堂活跃了，学生的思维得到启发，学生自然就有说的欲望。要让学生想说、敢说，首先教师要放下架子，以朋友的态度对待学生；其次教师要改变观念，留足让学生发言的时间；再次，教师提问时要尽量用"你知道这是为什么吗""你来讲一讲好吗""我们共同来研究研究好吗"等协商、引导的语气，使课堂氛围显得民主、和谐，让学生思想上变得轻松，敢于提出问题和发表意见。

（二）创造条件，鼓励学生多说

在传统的课堂教学中，教师把现成的结论教授给学生，学生按部就班地听教师讲，极少有机会发表自己的意见，往往是教师提一个问题，学生回答一个问题。教师从学生简单机械的回答中，很难了解学生认识水平及对教学内容的理解和掌握程度，而学生常常是重复教师"唯一正确"的结论，不敢越"雷池"半步。试想，这样培养出来的"背书匠"，除了做一个生搬硬套的"好学生"，还能有什么发现、创新呢？

因此，教师必须把教师讲、学生听的"一言堂"变成学生自主学习交流与合作的"群言堂"。在教学中，针对教学内容，教师要多给学生机会，鼓励学生各抒己见，敢想、敢说、敢问，特别是能就所学内容大胆发表自己的看法，学会比较、分析和归纳，鼓励学生敢于创新、善于创新，真正把灌输的课堂变成发展的课堂。

（三）采用启发式教学，培养学生逻辑分析能力

初中数学具有抽象性，思维逻辑性很强，需要学生具有很强的记忆力、理解能力以及逻辑分析能力。教师要采用启发式教学的方式培养学生这方面的能力。启发式教学就是指教师根据教学目标，从学生的年龄、心理特征、知识掌握程度、认识事物的能力等实际情况出发，使用多种多样的教学方式，激发学生独立思考，积极融入课堂，发掘知识，强化逻辑的教学方法。

要达到这个目标，教师要有很强的洞察力、想象力和创新能力。在采用启发式教学时，要把握好时机，依据教学内容，设置启发环节，制造气氛，对学生进行启发。教师在启发的时候，要具有层次感，提出的问题要由浅入深、由易到难，慢慢深入，达到层层思考的目的，促使学生逐渐理解。如果问题难度过大，教师又没有给学生搭好"台阶"、放好"支架"，学生很难理解，就会对知识产生抵触心理，根本想都不去想，所以由易到难的层次很重要，这也是教学的一个技巧。

教师在模拟情境进行启发的时候，要具有创新能力，使情境丰富多彩，吸引学生的注意力。如在讲"轴对称"时，教师可以让学生在教室中，或者是在生活中找出一些轴对称的物品，在学生都没有答案时，教师可以给一些提示，对学生进行一些启发，利用引导的方法，让学生掌握知识要点。

（四）注重多元评价，及时鼓励学生

评价是课堂教学中一个重要的环节。单一的量化评价手段，既不能引导教师注重每个学生的素质发展，又不能促使部分学困生在学习中找到自信。因此，教师应该对学生的学习进行多元评价，并给予热情鼓励。

在教学过程中，教师要关注每一个学生，及时发现并挖掘学生的闪光点。在这种理念下，教师要将评价的主动权交给学生，让他们展开自评、互评。教师不仅要注重学生知识的积累和掌握程度，更要对学生身心各方面的素质发展进行评价，使学生能够正确地认识自己和评价他人，加深理解、沟通和包容，在相互交往中表现出尊重和信任，懂得分享成果。

只有让学生感受到成功,才能激发学生的学习热情,才有利于学生的成长。教师、学生和自我评价相结合的评价体系,能够使学生的自主学习意识增强。在这个过程中,教师与学生分享彼此的思考、经验和知识,交流彼此的情感、体验与观念,丰富教学内容,共享、共进,实现教学相长和共同发展。

随着新课改的实施,初中数学教学内容重新编排,这就使教师的教育理念需要与时俱进,教师需要用新的教育模式来培养新时代的学生。教师不仅要教给学生知识,更要教给他们学习的方法。教师不仅要提高学生的数学成绩,更要提升其数学思维、逻辑推理、独立思考问题等方面的综合能力。

第一章

以信息技术为载体的
初中数学探究式教学

　　信息技术主要是用于管理和处理信息的技术。随着科技发展,信息技术不断更新,在基础教育课堂教学改革的大背景下,以信息技术为载体的初中数学探究式教学与现代人才培养方略高度契合,并能够满足创新型社会人才需要和个性化学习的要求。探究式教学与信息技术的深层次整合,是探究式教学的必要前提,是为教学服务的根本保障。

以信息技术为载体的
初中数学探究式教学的界定

信息技术作为开展教学活动的先进工具，已被业界广泛认可。而探究式教学这一教学方式已被学术界作为重要研究的课题探讨多年，对于其在提高课堂教学效率，增强创新型人才培养方面的重要作用，业界也有了较为统一的认识。但以往的研究多将两者割裂开来，单独研究某一方面对学科教学的重要作用与深远意义。此外，我国在相关研究方面缺乏必要的理论积淀，加之传统教育理念的深远影响，相关研究多停留在理论探讨阶段，缺乏实践检验，因此以信息技术为载体的探究式教学研究状况不甚理想。

广义的信息技术，包括与呈现、传递、编辑、获取以及应用信息的相关工具与手段，以及人们对各种信息进行采集、加工、储存、交互与检索的技术。应用于学科教学的信息技术是以服务学科教学为宗旨，便捷课堂信息的呈现途径，生动信息呈现形式，丰富信息交互渠道的信息处理、表现与通信的技术总和，一般包括多媒体、计算机网络等。

信息技术具有丰富的内涵，从概念认知上来看，它是一种基于计算机与通信网络的先进技术和手段，但在更深的层次中，信息技术体现的是人们认识知识、运用知识解决问题的思想。人机界面上体现的是直观化的信息呈现，但后台内核是缜密的思想与算法的集成，操作的简便与科学，是课堂教学对其提出的根本要求。对幻灯片、运算器等技术的简单应用并不能代表课堂教学进入了

信息技术时代。

初中数学课堂上的信息技术载体是课堂信息流通的基本渠道，同时也是师生开展探究活动的主要平台。其最基础的功能是实现信息的记录、存贮与传递，记录与存储信息是为信息的有效传递服务的。课堂信息的传递是信息技术载体功能的核心。要实现信息的有效传递，载体必须在时间与空间两个维度上具有信息传递的功能。

从传播学视角来看，一切事物都同时具有信源、载体、信宿三个基本属性。在信息流转的整个过程中，伴随着主体与客体之间的必然联系。这就意味着载体在发挥存储、传递信息的功能。需要着重指出的是载体的专用性，即载体一定是专门用于记录、存贮与传递信息的事物。强调专用性是为了区分"载体"与"寄主"概念的差异，从而避免对载体概念认识的模糊。图书情报学认为载体是科学交流的一个基本要素，对载体在信息交流过程中的重要地位给予充分肯定，并认为载体决定着信息交流体系的架构。同时，载体还决定着信息交流活动的运行方式，载体的性能指标在一定条件下会影响甚至决定信息交流的效率。

从教学的角度来看，教学情境是从事教学活动的环境，是诱发教学行为的条件，其以学生感官体验为依托，以激发学生积极主动情绪为手段，保障课堂教学活动顺利开展。

人们普遍认为苏格拉底的"催产术"和卢梭的"自然教育理论"是探究式教学的理论本源。教育家杜威"从做中学"理论的提出标志着探究式教学理论基础正式形成。但真正意义上的探究式教学理论是由芝加哥大学的施瓦布教授在1961年演讲时提出的，同时期的著名心理学家布鲁纳提出了"探究—发现"教学理论，他认为教师要培养学生发现、研究和解决问题的思维能力，并且在这一过程中提高科学素养。

数学探究式教学，就是教师以教学目标为主导，以教学内容为依托，以设置问题为引领，以解决问题为途径，融汇多种教学方法与形式，让学生在数学学习的过程中,主动发现问题、探究问题,最终实现掌握知识与技能的教学过程。数学探究式教学是一种帮助学生更好地理解数学概念、掌握数学知识、培养学生创新意识与能力的有效教学方式。

在数学探究式教学过程中,教师发挥主导作用,其主要任务是为学生的学习设置探究的问题切入点,为课堂营造易于学生自主探究的情境,并积极引入丰富多彩的教学方式来推进探究式教学的开展,掌控探究的进程,评价探究的效果。学生在数学探究式教学过程中占据主体地位,其必须紧密结合教师设置的问题,利用既有教学条件,明确探究的目标,完成探究的过程,逐步完善探究的方法,拓展探究思维,并积极与同学、教师交流探究心得,总结探究的结果。

以信息技术为载体的
初中数学探究式教学的理论依据

　　教育部基础教育司调查组的调查结果表明,我国义务教育目前的教与学的方式,以被动接受为主要特征,即学生鲜有通过自己的实践来获取知识、提升能力的机会,课堂组织形式单一,缺乏集体讨论等学习活动,作业多以习题与阅读教科书为主,缺乏观察、制作、实验、社会调查等实践性活动,学生的地位极其被动,很难有发表看法与见解的机会。这可以说是我国义务教育突出问题的客观写照。

　　《中共中央国务院关于深化教育改革,全面推进素质教育的决定》中指出:教育工作要转变观念,创新人才培养模式,积极推进启发式教学和讨论式教学,培养学生独立思考和创新能力,要让学生感受、理解知识产生和发展的过程。

　　《基础教育课程改革纲要》指出:要革新教育教学理念,改变教学实践过程中过于依赖死记硬背、机械应试的不利局面,提倡学生主动探究,培养学生的创新意识与能力。

　　《全日制义务教育数学课程标准》指明数学学习内容的设置要有利于学生主动地进行观察、实验、验证与推理等数学活动。内容的呈现应采用更为丰富的方式,以满足个性化的学习需要。数学学习活动不能机械地依赖模仿与记忆,动手实践、亲身体验与合作交流是学生学习数学的重要方式。教师应帮助学生在自主探究与合作交流的过程中真正掌握数学知识,获取更为丰富的数学经验。

一、建构主义学习理论：认知规律的科学理论

20世纪90年代，作为深入分析学习过程中的认知规律的科学理论，建构主义学习理论被人们广泛认识。瑞士心理学家皮亚杰认为，学习是一个外在环境和学习者内心反应互动的过程。皮亚杰通过统一影响学习效果的内在因素和外在因素，为建构主义学习理论的形成奠定了最初的基础。随后，科尔伯格对内因和外因相互作用的过程进行了结构和条件上的进一步梳理，使原理论更佳细腻、完整。斯腾伯格和卡茨等人从内在因素，即如何更好地发挥学习者主动性方面做了深入研究。维果斯基的文化历史发展理论丰富了外在因素的理论构架。这一系列的研究构成了建构主义学习理论的雏形，人们在此基础上不断地发展与完善，使得这一理论成为教育教学领域普遍应用的理论工具，为教育工作者认识教学、开展教学提供了科学的理论保障，在学科教育与人才培养方面发挥着极其重要的作用。凭借这一理论，我们可以科学地审视教学过程中的诸多要素。

课堂是学习的情境。课堂是承载教学信息流动的主要平台，影响教学的各种要素在课堂中汇聚。课堂上，教师主导作用的发挥主要体现在如何为学生搭建一个利于学习的情境，激发学生探究问题的兴趣，引导学生形成分析问题的思路，培养学生解决问题的能力，从而促进学生主体作用的充分发挥。

教学是互动的过程。"教"不是教师的单向填塞，教学本身体现的应该是师生间有效与及时的互动，考验的是教师机动灵活的问题切入与课堂教学走向的敏锐洞察；"学"也不是学生的生硬吸收，而是学生的领悟、思考与吸收的过程，学生如何学决定着教学效果的好坏。

知识是过程不断完善的产物。知识是人类认识世界改造世界的工具，人们应该崇尚知识，但不意味着知识就是让人们顶礼膜拜的至真圣器。知识体系的完善是在人们对既有知识不断吸收、顺应和突破的过程中实现的。单纯吸纳而

无反思与拓展是无法实现创新的。传统教学模式下,教师在发挥主导作用的同时,占据着课堂的主体地位,学生多处于被动地位,教什么学什么,加之针对结果的评价掩盖了学生分析问题、解决问题能力的提高,这与义务教育的主旨背道而驰,更有悖于构建创新型社会对教育工作者提出的要求。

二、多元智能理论:寻求平等、高效的多元化教育

20世纪80年代初期,哈佛大学心理学家霍华德·加德纳在《智能的结构》一书中提出了多元智能理论。1983年,《国家处在危险之中——教育改革势在必行》在美国引发了一场关于教育的争论,并推动了后来美国教育的大改革。产生这场教育改革的主要原因是美国教育界对教育现实有诸多不满,并积极寻求一种平等、高效的多元化教育模式。在这一教育改革的影响下,传统的智力观念与成绩测验理论已不再适合当时的教育需求。多元智能理论就是在这一历史背景下产生的,因其正好满足了当时教育界的强烈诉求,因此倍受推崇。

多元智能理论认为,人类的思维和认知方式是多元的,所有个体都具有相对独立的,与某一认知领域或知识范畴相联系的九种能力。各种能力的不同组合决定了个体间智能的差异。某个人某项智能很高的,却不意味着他有同样水平的其他智能。同时,多元智能理论认为,智力是与人所处的现实生活密切相关的,因此不能够将学习者置身于突兀的虚假情境中,使其做脱离现实而且对解决现实生活中存在的问题毫无益处的事情。在这一理念基础上,加德纳吸收其他相关研究成果,对"智能"的概念进行了重新定义。加德纳认为,智能是在特定社会环境与文化氛围的价值标准下,个体用以解决自己遇到的现实难题或者从事生产及创新活动过程中所需要的能力。

人的学习应处于一种接近现实的情境中,初中数学教师应认真思考,在数学教学中如何创设情境、利用教学资源开发与培养学生的各种智能。目前的初中数学课程已经对学生的抽象思维能力提出了相对较高的要求。如果脱离了解决问题的动力源和模拟现实的情境,会让学生失去学习的动力与发挥智能的

土壤。

多元智能理论将主要应用于信息技术载体的搭建、探究式教学环节设置，模拟现实，呈现相对抽象的运动过程，发挥学生的空间感知智能、逻辑智能，实现知识由宏观向微观、抽象向形象、静止向动态的转化；通过分组合作，发挥学生的人际关系智能，取长补短、互通有无，积极吸取他人的思想精华，形成对教师活动的有效补充。在教学评价过程中，教师不仅要让学生知道错在哪里，更要让学生发挥自我认知智能，明白自己为什么错。

三、教学过程最优化理论：以最小教学成本实现最优教学效果

巴班斯基教学过程最优化理论是苏联教育教学改革大环境下的产物。教学过程最优化理论解决了当时教学理论研究和教学实践中存在的片面性，大幅度减轻了学生的负担。这一理论吸收了系统论、控制论、信息论和心理学等理论方法，对于现代教育理念的形成与发展具有重要指导意义。

教学过程最优化理论的一般定义为："教学过程最优化是建立在对教学规律、现代教学的形式充分尊重的基础上，为使实际教学过程明显优于既定标准从而发挥教学行为最优化作用而进行的组织与控制。"最优化理论的实质是以最小的教学成本尽可能实现好的教学效果。

首先，"最优化"是这一理论的核心要义，"最优化"是一个相对概念，与其相对应的是一定的标准与一定的环境，不是思想意识中单纯的"最好"。我们可以认为，"最优化"是指师生在一定条件下发挥了全部积极的、有利的作用，并获得在既定条件下所能达到的最好成果。这样我们便认为该教学过程达到了"最优化"。由此可以看出，"最优化"的标准是差异化的，是受不同学校、班级、师生的主观与客观条件制约的。因此，"最优化"不是一成不变的规定状态，而是一个随着条件变化的动态过程。

其次，教学过程最优化不是教学形式或教学方法的创新，而是教师开展教学工作的理念与原则，是在师生共同努力基础上的理想结果。教师要客观全面

地审视现阶段的条件、方法,科学地、有目的地组织最佳教学方案。

最后,教学过程最优化理论中,效率、效果与条件是辩证统一的关系。用教学过程最优化的原则开展教学活动的过程中,不能唯"效率论",单纯地认为尽可能地提高效率就能够实现效果的最优化的认识是片面的。我们应该同时充分考虑所处环境的制约。缺乏效率的伪最优化是无视目标或标准的自欺欺人的概念。这就要求教师必须在一定的具体条件下,以最少的时间和精力取得最优的教育效果。

教学过程最优化的基本评价标准有两项。首先是"效果标准",即"在现有条件下,每个学生在教养、教育和发展这三个方面都能够达到他在同时期实际能够达到的水平,但不低于所规定标准的及格水平";其次是"时间标准",即"师生都遵守有关课堂教学和家庭学习的时间定额"。综合看待这两个标准,通俗来说,就是在不增加师生负担的情况下,实现教学质量的提高。这就要求教师在对教学效果进行评价时,要依据这两个标准,并把这两条标准落实到具体的实践环节。

以信息技术为载体的
探究式教学的原则与措施

　　传统的数学教材非常重视知识体系的完整性，强调对学生掌握基础知识的培养，但其定论式的信息呈现形式过于生硬与枯燥，影响了学生学习的积极性。在课堂教学中，应试教育的思想还未能彻底根除，教师虽已认识到应试教育的弊端，但还没有足够的勇气挣脱束缚，不敢求新求变，在教学模式革新的道路上无法迈出实质性的步伐。而新教材做出了可喜的改变，其倡导"情境设置—建立模型—深入分析—应用拓展"的教学模式，实现问题切入、知识引导与自主研究的课堂革新，使层次分明且逻辑关系缜密的问题成为教学的线索，增强学生主动探索与学习的动力。

　　回顾过去，教学工具与教学理念是教学改革两个重要的着力点；放眼未来，我们必须尽早地将两者进行有效整合，用统一、协调的眼光审视，并大力推进两者的共同深化与发展。可以预见，在今后的初中数学教学中，两者的有效整合必将成为教育工作者广泛青睐的"黄金搭档"，这并不是主观臆断，而是建立在它们在提高课堂教学效率方面存在诸多的共同点与相互配合下的相得益彰。

一、以信息技术为载体的探究式教学现状分析

　　通过调查问卷可知，近78%参与调查的学生都意识到了加强自身探究能力培养的重要性与必要性，即认为学校与教师应大力培养学生的探究与创新能

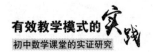

力，并充分认可探究式教学对于学生独立研究、交流协作能力的提升的重要作用。但只有45%左右的学生愿意接受探究式教学模式，学生对于探究式教学主观认识的前后对比，说明学生自身学习任务繁重，对教师教学模式革新能力不信任，这造成了广大学生希望与畏惧并存的复杂心态。也就是说，部分学生意识到了探究式教学对于能力培养的重要意义，但他们却因为学习任务繁重或其他原因对探究式教学望而却步。

学生的探究习惯和意识制约着探究式教学的开展。调查发现，目前只有三成的学生对教材中或教师讲解的内容有过质疑并提出质疑的经历。大部分学生在遇到问题时，常常选择直接翻看答案或请教别人，独立思考或翻阅资料进行自主学习的非常少。在翻阅资料时，相当比例的学生无法快速准确地找到有价值的信息。还有小部分学生不能把课堂教学内容与生活实践联系起来，认为两者缺乏联系。以上信息说明，现阶段大部分学生发现、分析与解决问题的能力亟待提高

教学评价有多种类型。按评价属性可以分为主体评价与阶段评价，其中主体评价可分为教师评价与学生评价；按阶段可以分为教学过程评价、教学效果评价。由于教学模式的相对滞后，目前评价方式多以评价学生代替教学效果评价。这一评价有明显的弊端，即教师对学生的评价主要以考试为主，由于缺乏统一认识与标准，针对教学过程评价的调查报告和实验报告等方法使用得较少，很少有教师使用过"档案袋"等新型评价方式。评价机制的落后，导致人们审视课堂教学时过多地注重结果，社会对学校及学校对教师分别以升学率和学生成绩为主要评价标准，这会催生出分数至上的功利思想。因此，升学压力和评价机制的相对滞后是开展探究式教学过程中的巨大阻力。

二、以信息技术为载体的探究式教学的原则

(一)以学生为主体的原则

以学生为主体的原则指在教学过程中充分保证学生的主体地位及其主体作用的发挥,积极引导学生参与课堂互动,以发挥学生自主性和创造性为目标,将传统教育理念下的学生是知识的被动接受者转换成知识的主动发现者。以学生为主体的课堂教学中,教师在教学过程中必须能够运用各种先进的教学工具和策略,激发学生的学习兴趣与热情,确保学生倾情投入,保证师生配合的默契。"以学生为主体"是现代教学理论的精髓,是创新教育的根基,初中数学教育必须积极引入先进的信息技术,并将之作为传递与整合教学内容的工具与载体,保证学生的主体作用的充分发挥。

(二)以问题为导引的原则

发现问题、解决问题是人们探知世界的根本动力。探究式教学是以问题的提出作为开端,以问题的分析、整理和试验为过程,以问题的最终解决为结果。整个教学过程要求高度顺畅的逻辑性,突兀的层次关系会在学生的学习过程中设置障碍。要使探究式教学顺利开展,教师提出的问题要符合学生的认知规律和心理特点,并且能够激发学生的探知欲望,调动学生的自主思维。问题的切入点要放在学生平时所熟知但同时又具有挖掘与拓展空间的生活层面;提出的问题要为学生的思考设置冲突,即有一定的障碍性。

这样做是为了引导学生完成从认知冲突到认知反思的过程,为学生进行认知批判到认知形成的过程提供前提条件。但问题的难度要适中,过于简单的问题不能起到调动与激发学生思考的作用,过于复杂的问题容易让学生望而却步,甚至是产生厌烦心理。探究式教学强调问题和自主探究学习活动的设计。问题的设计需要一个前期分析阶段,分析学习者及学习内容,选择合适的内容。因此,以信息技术为载体的探究式教学的设计应遵循如下过程:

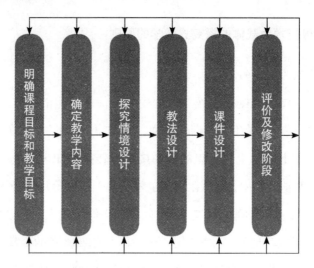

图1-1　以信息技术为载体的探究式教学的设计过程

　　以信息技术为载体的探究式教学的首要任务是找到问题。在明确课程目标、教学目标和对数学知识进行分析的基础上，确定信息技术条件下利于学生探究的学习内容（即确定探究问题），以问题串联各个模块，构成整个教学内容的结构，然后按照学生自主探究活动的开展过程对教学细节进行设计，再依据教学设计构建基于学习活动的信息技术平台（如主题学习网站），最后则是评价修改阶段。整个课堂教学遵循这个流程完成后，还要经过学习者、教师同行和市区级教研室专家的评价，听取大家的意见，进行有针对性的修改，使设计不断完善。这里遵循了"分析—设计—评价"的教学设计思路。

　　1.结合生活实践的问题。选择生活实践的问题能够帮助学生将学到的数学知识综合运用到实践中，创造性地解决问题。在这个过程中学生会对所学的知识有更深的体会，并使之真正成为自己的东西。选择生活实践的问题为培养学生的创新意识和解决问题的能力提供了有效途径。如人教版七年级《数学》下册中，有一课"课题学习——从数据谈节水"。这节课是在学完描述数据的几种统计图后开展的，为学生提供了利用图表描述数据的实践机会。课题学习是新教材中一项全新的内容，是与现实生活联系最密切的一部分，是最能体现数学是工具性学科的一部分，因此这节课贯穿始终的教学方法是：引导学生在网上搜集整理资料、数据，利用数学知识研究每一个现实问题，培养学生用数学的眼光观察事物、分析事物的习惯。

2. 帮助学生拓宽知识面的问题。由于受课程标准、教材内容等方面的限制，教学中的很多内容无法过多展开，而这些展开中的内容很多是进行创新性学习的好素材，教师可以在网络课程中设计一些课本外的内容供学生探索。人教版九年级《数学》上册中教学"探索二次函数的性质"时，学生可以在网络教室里，运用几何画板画出二次函数的图像，并根据图像求出相应的一元二次方程的根、一元二次不等式的解集及图像的最值等。

3. 跨学科问题。我国的中小学课程领域学科划分得很细，且相互之间的界限非常清晰。在探究式教学设计环节，教师应努力实现各学科的融会贯通，鼓励学生进行更为开放、更为自由的学习。如人教版八年级《数学》上册中有数学活动"镜子、倒影与轴对称变换"，物理学科中涉及的镜面反射是数学中轴对称变换知识的扩展，物理学科将这一知识从平面扩展到了空间。在"镜子、倒影与轴对称变换"的学习中，教师要求学生除了结合书上给出的三个实例以外，自己归纳镜面反射的特点，然后在网上检索相关实例图片及镜面反射的有关知识，并对此开展讨论，进而初步掌握物理中镜面反射的性质。

（三）以合作为学习方式的原则

网络及信息技术为人们更加便捷、高效地交流与合作提供了良好的技术支持，更为学生与老师、学生与学生之间的沟通与合作奠定了优越的前提条件。信息社会中，个体的独立研究效能被弱化，合作成为具有鲜明时代烙印的模式，在数学学习中同样如此。心理学家的研究表明，初中生所处的年龄阶段，更容易在学习过程中从同龄人那里得到灵感与启发，从而使其以更加全面的角度去审视问题。与此同时，教师更加成熟与理性的思维，又为学生们能够沿着一个正确的方向开展自主式学习提供了保证。数学教师要善于观察学生的课堂反映，学生面对困难知识时的紧张、局促抑或厌烦，解决问题后的轻松、释然抑或

亢奋,任何细微的表情、举止变化都是学生对课堂教学的真实反馈。教师要以此调整教学进度与进程。同时教师要善于与学生交流沟通,便于在准确找到课堂教学问题的前提下,具有针对性地解决问题,有效引领学生突破学习障碍。

(四)以自由为前提的原则

教育学家罗杰斯认为:"有利于创新思想迸发与创新性行为实践的前提是心理的安稳与自由。"因此,为学生营造轻松自由的课堂氛围是开展探究式教学的前提条件。在相对自由的教学过程中,允许并鼓励学生发扬个性化思维,提倡学生间的合作探讨,这样更有利于实现学生学习灵感的迸发,保证探究式教学真正落到实处,避免纸上谈兵或沦为形式主义。自由的氛围是激发学生探究行为生长的土壤。传统教学模式中课堂氛围过于严肃,课堂活动开展与否牢牢把握在教师手中,教师只要通过各种手段保证课堂秩序的"井然有序",同时让学生们尽可能专注地听讲即可。

可以说,传统教学模式中,教师是绝对的主角。相比之下,探究式教学要求教师必须做到"权力下放",授课张弛有度,摒弃教学"独角戏"的同时,又不能让课堂过于松散或自由,那样就会让课堂教学偏离正常轨道,这就考验教师对课堂掌控与调节的功力,也可以说是对教师课堂教学组织能力提出的更高要求。

认知发展理论认为,初中生正处于从具体运算向抽象运算发展的过渡时期,各种思维能力及智力水平也正处于形成期和提高期,这个时期学生的思维能力的可塑性很强,因此探究思维与创新意识的培养必须要接受学生发散性的思考方式。教师不应轻易否定学生的思维成果,要分析其思维内涵,鼓励学生更加自由、开放地思考问题。

三、以信息技术为载体开展探究式教学的措施

在传统的数学教学中,可供教师利用的教学工具非常有限,这不仅使教师在信息呈现环节付出更多的体力劳动,而且信息表达的实际效果并不能令人满意。缺乏形象表述的教学内容,不但难以激发学生学习的热情和积极性,甚至极易使学生产生抵触的厌学情绪。在计算机辅助教学软件和局域网通信网络等现代信息技术的平台上,教师可通过动态演示将授课内容"声形并茂"地呈现给学生。对数学知识的动态演示能够改变学生对课堂内容呆板、枯燥与生硬的认识。运用信息技术呈现给学生的是更为清晰、友好的互动界面,学生置身于一个变化多样、精彩纷呈的数学世界。在这样的情境中,运动与变化的信息单元可以有效地激发初中生探知数学奥秘的欲望。

动态演示的教学可让学生更为理性地认识数学知识,更为深刻地掌握数学知识之间的联系,更为主动地探知数学知识的真谛与奥秘。动态演示教学策略的目的是让学生通过极强的探知欲,在主动探索并掌握数学知识的同时,通过自主解决问题,及时改变学习过程中的为难情绪,感悟更为生动形象的数学知识所蕴含的独特魅力与文化。此外,学生在学习心态上实现从被动向主动的转变,从应试向主观渴求的动力转变。学生在探究的过程中,不断增强学习信心,领会学习方法与规律,师生间的配合便能够更加默契,最终能够提高课堂的教学效率与质量。

信息技术在教学中的应用,使课堂教学变得更加直观,有利于学生对知识内容的理解,有利于提高学生的学习兴趣。在数学课堂教学中,信息技术的应用既能够形象地使学生接受知识,又能够培养学生的兴趣,使教师较好地完成教学任务。

在"一次函数图像及性质"一课中,探究一次函数图像在坐标系中的位置与"k"值的关系。如比较 $y = 2x$ 与 $y = 2x+1$ 图像位置时,教师利用几何画板在坐标系中画出两个函数图像,通过大屏幕给学生做演示,学生很容易接受 $y = 2x$ 的函数图像经过原点,而 $y = 2x+1$ 的函数图像经过第一、二、三象限,此时教师操作电脑,使 $y = 2x$ 的函数图像向上平行移动一个单位,与 $y = 2x+1$ 的函数图像重合,同时让学生观察两个图像的位置特点,并思考"两个函数图像有怎样的位置关系",然后进行总结归纳。这样,学生很快就能回答出 $y = 2x+1$ 的函数图像可以将 $y = 2x$ 的函数图像向上平移一个单位长度得到,从而学生能够总结

出一般规律——$y=kx+b$ 的函数图像可由 $y=kx$ 函数图像向上或向下平移 | k |个单位得到。或当两个一次函数图像是互相平行时,学生能判断出两个解析式中"k"值是相等的。在这节课的学习过程中,重点知识通过函数图像的运动给学生以直观感受,使学生印象深刻,同时也培养了学生的观察能力、思考能力以及系统归纳、总结知识的能力,为将来学习"二次函数图像及性质"奠定了基础。

"和圆相关的位置关系"一课中的内容可划分为三个部分:点和圆的位置关系、直线和圆的位置关系、圆和圆的位置关系。在探究点和圆的位置关系时,教师可以利用信息技术演示,一个点和一个圆,这个点由远及近向定圆运动,并让学生观察其位置关系有几种。通过观察,学生容易发现点和圆有三种位置关系:点在圆外、点在圆上和点在圆内。同时教师让学生注意位置的变化,直接影响 d、r 两个数量之间的变化,这样重点知识得以突破,学生也有很浓的兴趣。有了这一知识的铺垫,再继续学习直线和圆、圆和圆的位置关系时,教师就可以放手让学生自己去探索、讨论,教师适时点拨,这样学生能够顺利地掌握完整的知识结构。

数学教学是一个思维活动的过程,教师必须把这一过程展示得充分、透彻,给学生一个较扎实的认知基础,让学生真正地理解知识,牢固地掌握知识,从中领悟数学的思想方法。

实验探究教学是指学生在教师创建的问题情境下,运用信息技术工具,以数学理论为实验原理,以分析典型问题、模拟仿真过程和计算机运算与统计为主要实验手段的数学实验活动。实验探究教学是一种建立在高度互动基础上,注重教师引导学生开展自主探究学习的教学模式。教师通过信息技术为学生搭建能够动手实践的演示空间,向学生呈现易于感官接受、发挥主动思维的知识内容,并实时掌控学生学习状况与表现出的问题,在进行具有针对性的重点讲授后,引导学生解决课堂预设的问题,高质量完成课堂教学任务。实验探究教学措施中每一个细节都是不可缺少的重要组成部分,彼此相互关联、相互制约。这一教学措施要求教师对各环节的掌控必须及时、有效，避免其流于形式或降低实际教学效果。

网络为师生提供了更为迅速的交流渠道，同时又搭建了易于发挥讨论、协作的平台。网络平台功能强大，可实现学生与学习载体、学生与学生、学生与教师之间的互动，互动过程和效果可实时看到，如趣味性很强且能即时评价的练习系统中的"大显身手"和"小试牛刀"，学生完成练习提交后，系统自动评判并反馈结果。学生与学习媒体的交互活动得到淋漓尽致的展现，这是常规媒体无法达到的。

初中生好奇心强、活泼好动，喜欢丰富而有意义的教学过程。静态的文字以及教师单纯的讲述满足不了学生的要求。如在"镶嵌"这一教学单元中，教师可运用信息技术为学生开发"创新擂台"，学生根据自己对图形的理解与想象进行个性化的学习。在这一学习过程中，学生需要运用发散性思维指导实践，同时还需要用实践来验证与修改原来的设想，打破单一的教学模板的约束，每个人的思维过程及最终的学习成果都不尽相同，但都能达到较好的学习效果。在自主探究的过程中培养了学生的创新意识与创新能力，这是以信息技术为载体的探究式教学的最大优势。

探究式教学实验研究分析

20世纪50年代,人们开始对信息技术与学科教学相整合进行研究,信息技术引发了教学的深刻变革。现如今,课堂教学不断向多媒体和网络化方向深入发展,这使得课堂教学的空间维度得到进一步丰富与提升。人们越来越清醒地认识到信息技术已经成为课堂中不可或缺的重要内容,其使课堂教学产生了深刻变革。

信息技术在中学数学教学中应用,目的在于将信息技术作为促进学生自主学习、协作学习的认知工具和情感激励工具,丰富教学环境的创设工具,从而实现各种教学资源、各个教学要素和教学环节的相互融合,促进传统教学方式发生根本变革,从而达到培养学生创新精神与实践能力的目标。信息技术环境下的探究式教学无疑是符合新课标变革教学方式及学习方式的要求的。

通过对信息技术教学平台与探究式教学理念的整合,充分发挥其工具与理念的优势,充分调动各教学要素,使其处于积极状态,这对于培养学生的自主学习能力,提高课堂教学质量与效率,激发学生探究兴趣具有重大作用。

兴趣是学生学习的动力,是发现问题、探究问题与解决问题的基础。兴趣对开展探究式教学具有重要意义。从学生的课堂学习实际情况看,对比分析学生的学习兴趣、探究能力、学习成绩以及学生对以信息技术为载体的探究式教学的评价,以信息技术为载体的探究式教学确实给初中数学教学带来了活力,其不仅激发了学生的兴趣和情感,且有效地增强了学生自主探究的意愿与能力。

从信息技术应用看，通过信息技术的模拟平台，学生们不仅理解了一系列的抽象概念、定理、公式，而且还了解了其形成的背景、定理的论证过程，从而更为扎实地掌握了平时被认为是枯燥、乏味的数学知识。信息技术与探究式教学的完美结合，对于数学知识的形象展现和提高学生自主探究与创新能力具有重要意义。

从学生综合素质与能力提升来看，在探究式教学模式下，同学们探究问题、解决问题的能力（如信息搜集、加工的能力，协作交流、自我认知与评价的能力）均有长足的进步。现代信息技术的应用，在一定程度上增强了学习环境的真实性，加强了学生对于数学知识与现实生活的联系。在一个完整的数学问题的解决过程中，需要的不仅是扎实的数学知识，有时还需要协作、调研等综合能力与素质，以及敢于发问、勇于挑战的品格。学生要敢于质疑他人结论并勇于发表自己的见解，通过这些锻炼，学生们的创造意识与能力能够得到明显增强，这可为其今后的深入学习打下良好的基础。

学生作为课堂教学的主体，对于课堂教学方式的评价最具发言权，因此我们要充分倾听学生对于开展以信息技术为载体的初中数学探究式教学的综合评价。以信息技术为载体的初中数学探究式教学是一种变被动为主动的科学教学方式，可以有效促进学生学习数学的兴趣与自主探究能力的培养，并且畅通师生的沟通渠道，使师生间的配合与协作更加密切与默契，最终实现提高数学学习效果的目的。

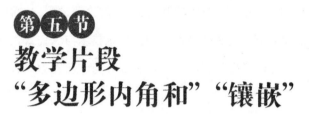

第五节
教学片段
"多边形内角和" "镶嵌"

传统教学理念下的课堂教学，由于学生的定位比较被动，并且学习实践平台单一、工具简单，部分学生失去了学习兴趣与动力。让学生真正做到融会贯通实非易事。充分发挥学生的主动性，构建自主式学习格局，必须从两方面做出改变。首先在教学理念上，要深化探究式教学，充分发挥学生的主体作用，紧密围绕教师引导，发散创造性思维；其次在教学工具上，要引入现代信息技术，改变传统教学工具单一、不能够有效促进学生理解教学内容等问题。

信息时代的新技术为教育工作者提供了极大的便利。信息技术引入数学教育的意义在于实现了教学演示的可视化、自主操作的可行化、进程编辑的可控化，从而提高了课堂容量，增强了课堂活力。

一、教学片段"多边形内角和"

（一）教学内容分析

本节是在学生学习了三角形的内角和的基础上进行的，本节中的公式是初中几何中非常重要的公式之一，它揭示的是多边形的边数与内角和的数量关系，蕴涵了类比和扩展的方法，突出了把复杂问题化为简单问题、化未知为已知等数学思想，是学生日后学习镶嵌等问题的主要依据之一。

学生需要理解多边形的定义及相关概念，理解多边形的内角和、外角和、对角线的条数等。教师在多边形内角和定理的推导过程中，渗透类比、转化、归纳的数学思想方法；在定理及推论的应用过程中，培养学生建立方程及分情况讨论的思想；提高学生动手操作、自主探究、合作学习的能力。

（二）解决问题

通过对多边形内角和定理的探究，使学生感受其在解决实际问题中的作用，并能使用这一原理解决生活中的数学问题；学生亲身经历情境学习、模拟实验、资源检索、协作交流、反思评价等学习环节；初步了解以问题为核心的学习方法，体验问题解决的全过程，建立对提出问题、分析问题、解决问题过程的初步印象。

通过问题解决及网络化学习过程的体验，逐步增强问题意识、探究能力，形成对网络学习环境的喜爱，激发求知欲，提高数学学习兴趣。培养学生的审美情趣并帮助其认识到数学的应用价值。

（三）教学重难点

教学重点：多边形内角和定理与外角和定理的应用。

教学难点：学生主动探索，应用"转化"的方法得出多边形内角和等结论；提高学生网络操作技能并使其迅速适应网络互动教学；在"网络教室"特定环境下组织教学。

（四）教学过程

1.营造学习情境。良好的学习情境能够让学生放松身心，把注意力集中在具体的学习目标上，通过有目的的学习，养成良好的学习习惯。

2.设置教学流程。首先借助学生已有的知识，创设恰当的数学问题情境，为后续学习做准备。接下来，借助信息技术提出问题，让学生感悟数学概念的内涵，发展学生的推理意识，培养其主动探究的习惯；培养学生类比、转化、归纳的科学思想方法和乐于讨论的习惯，使学生能够体会数学与现实生活的紧密联系。最后，巩固所学知识，提高学生操作计算机的能力，培养学生在网络中获取知识的能力与网络环境下的应试能力。

图1-2　教学流程设置图

观看"在线课堂"。教师在创设问题情境的过程中,展示问题情境,提出引导性问题,引发学生的认知冲突,引导学生提出问题,并指导学生操作。学生需要调整思维状态,在老师引导下进入学习情境,观看录像,网上答题。

模拟现实。在情境设置上,教师从实际生活中提炼出多边形,并介绍多边形的有关概念。从"直观到抽象"的思维方法,充分调动了学生学习数学的主动性,使学生的学习过程成为在教师引导下的"再创造"过程。

探究规律。教师布置以下几个探究问题的情境:从一点引对角线的条数、规律,多边形内角和规律,多边形对角线总数规律以及多边形外角和。引导学生从已有知识经验出发,分析问题、提出假设,使学生体验科学猜想的过程。支持并帮助学生拟定小组学习计划能增强学生的学习责任感,使其学习目标更为明确。

问题探究。教师要明确学生解决焦点问题的思想动向,引导学生关注关键的概念。鼓励学生动手实验、归纳总结与协作交流(可以通过网络论坛进行交流合作)。

总结结论。创设有助于学生自主探究的情境,让学生通过研究,经历信息的提取、分析、归纳、总结、交流的过程,感受数学问题思考过程的条理性和数学结论的确定性,发展学生的科学推理意识,培养学生类比、转化、归纳的科学思想方法和主动探究的习惯。

典例探寻。培养建立学生的方程思想,通过变式训练培养学生分析能力,并渗透分情况讨论的思想。引导学生将所学知识迁移到实际生活中,增强其灵活运用知识的能力,并使其充分感受数学学习的价值所在。

自由浏览。教师在留言板里发布留言，提供浏览方案，引导学生利用网络资源来解决问题，使其熟悉专题网站环境，通过学生的反应来检验网站信息组织方式是否实用。学生可以进入"答疑室"，发表言论或提出疑问。

在线测试与分层评价。通过网络考试让学生对学习有更深的了解，同时检验自己的学习效果。教师及时获知学生的有关信息，且在评价过程中关注学生的个体差异。指导学生围绕所获得的问题解决方案及整个学习过程进行反思，总结收获，找出学习过程中存在的不足。

图1-3 在线测试界面

二、教学片段"镶嵌"

(一)教学目标

学生掌握两种正多边形进行组合镶嵌的条件，能够判断任意三角形、四边形是否能够进行自镶嵌；提高动手操作、自主探究、合作学习的能力；获得一些研究问题的方法和经验，发展思维能力；培养学生的审美情趣，使学生认识到数学的应用价值。

(二)教学重难点

教学重点：让学生通过实验探究、讨论交流得出多边形镶嵌的条件。

教学难点：学生在"网络教室"特定环境下的教学组织及任务驱动。

本节课属于课题学习，这是实践与综合应用在初中阶段的一种表现形式。网络课将信息技术、资源收集方法及课程内容有机结合，使学生的学习成为更加积极主动并富挑战性的求索活动，因此对本课题学习的最佳方式就是网络学习。教师需要制作一个学习网站（主页），网站中的网页大致可以分为三类：静态浏览网页，如"导学园地""经典镶嵌"等；互动操作网页，如"认识镶嵌""中考再现"等；网络论坛网页，如"留言室"，学生可以在这里提出问题、发表见解。

（三）教学过程

教师创设情境，营造探究氛围。通过展示 15 世纪艺术家丢勒的镶嵌图案，将学生带入即将探索的空间。传统教学由于缺乏"发现"环境的支撑，学生很少有主动探究的机会。在本节网络课中，教师通过模拟生活中铺地板的情景，设计一个由学生控制的、允许学生探索和发现的学习环境——"拼图实验室"。在这里，学生能任意选取图形，并进行图形的移动、旋转和拼接。这样使得常规教学中很难亲身经历、亲自感知的过程得以再现，不仅能提高学生的学习兴趣，且有助于知识的主动建构，增强知识的可迁移性。

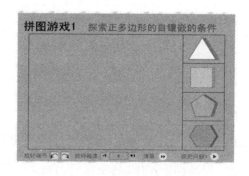

图1-4　"拼图实验室"界面

与传统教学中信息源只有一本教材和一本参考书相比，学生可以轻松自如地在网络课堂中学习，在"知识拓宽"网页中根据自己的情况对知识进行筛选、接收、表达和传播信息，从而体验成功的喜悦。

任务驱动引导自主探索。学生可以自主探索正多边形的自镶嵌、两种正多边形的镶嵌、任意三角形（或四边形）是否能自镶嵌。学生在较短时间内经历一个类似科学探索的过程，有助于科学方法的掌握和科学态度的形成。

娱教结合促进知识吸收。在"实践营地"中，增添探究过程中的娱乐元素，教师可设计有层次、有实际应用价值的问题，学生可运用所学知识创造性地解决问题。游戏既是学生们喜闻乐见的活动形式，也是一种很好的学习方式。在网站中，以"拼图游戏"的形式呈现探究活动，更利于激发学生的兴趣。在"竞技考场"里，如果得满分，学生则可以进入"娱乐广场"，欣赏精致的视频小笑话。这样的学习方式融科学性、趣味性、教育性于一体，能够锻炼学生分析信息、制定决策和实践应用的能力。

网络协作支持自主实践。教师可以让学生通过提供的软件设计镶嵌图案，然后将作品上传到公共文件夹。另外学生可以在"知识拓展"等网页中自由浏览。教师可以提供多种交互方式的协作通信支持，如学生与学习媒体的交互活动、学生与学生之间的互动、学生与教师之间的互动。如"BBS 答疑室"是一个师生共同使用的学习论坛，"实践营地"是学生和计算机"交流"的最佳环境。

在线测试。以往的在线测试环节中，虽然学生在自己的电脑上得到了评价，看到了分数，但这仅停留在个体，不能实时提供整体结果。教师可以运用数据库技术（Asp 和 Access），制作并设计统计系统，这样学生在完成在线测试之后，点击"考场反馈"，教师可以看到每一题的答题情况，方便今后调整教学。

分层评价。学生完成"竞技考场"中的必作题和选作题，点击"交卷"，系统分层评价。该阶段采取了多种评价组合的功能设计，学生在拼图之后可以点击"探究问题"按钮，填写实验报告，自由输入结果，系统备有答案。在镶嵌应用环节中，教师制作了趣味性很强且能即时评价的练习系统，如"大显身手"和"小试牛刀"，学生与学习媒体和资源环境的交互活动在这里能够得到淋漓尽致的体现，这是常规媒体无法做到的。

本课教学重视对动态的、持续的学习过程及学生不断进步的评价，强调对

教学过程实时监控。如可以将学生的学习成果和作品通过网络传到学习文件夹，也可以通过填写记录表记录学生在线学习时间、学习范围进度、学习深度广度、请教的问题数、提供解决方案的次数等反映学生学习情况，进行综合评价。

第二章

"问题—探究型"网络课的
问题情境设计

　　西南大学教授徐学福认为:"探究学习是指在教师指导下,为获得科学素养以类似科学探究的方式所开展的学习活动。"探究学习是学生在一定的情景下,以探究者、研究者的主体角色进行自主、独立地发现问题、搜集处理信息、表达交流等探索活动,从而获得知识、技能、情感与态度的发展,完成知识的迁移、探索运用、实现目标等学习过程。因此,教师在此环境中起指导、引导、监督、组织的作用。

探究问题概念的界定与选择原则

　　著名科学家施瓦布认为,探究学习是这样一种学习活动:"儿童通过自主地参与获得知识的过程,掌握研究自然所必需的探究能力,同时形成认识自然的基础——科学概念,进而培养探索未知世界的积极态度。"教学设计是课堂教学的蓝图,是落实教学理念的方案,是提高课堂教学效率、促进学生全面发展的前提和保证。今天,随着网络技术的发展,现代教育技术在中学数学教学中得到广泛合理的应用。尽管网络课程在数量上迅猛增长,但其在设计上存在着一些不足:网络课程重学习内容呈现、轻学习情境的创设,缺乏学习活动和案例资源的设计,教学模式落后。其主要原因是网络课程的设计理念和设计模式受传统教育思想的影响。因此,寻求合适的网络课程设计模式是网络课程设计的一个出发点。

　　网络环境下初中数学"问题—探究型"教学强调问题的设计和自主探究学习活动的设计。"问题—探究型"网络课的首要任务是找到问题。在明确课程目标、教学目标以及对数学知识进行分析的基础上,确定探究问题,以问题串联各个模块,构成整个课程的内容结构,然后按照问题探究活动的开展过程对网络课程进行细节设计,再依据课程设计构建基于学习活动的网络平台(一般是主题学习网站),最后进行评价修改。这遵循了"分析—设计—评价"的教学设计思路。

一、探究问题概念界定

数学教育家波利亚在《数学的发现》一书中曾给出了问题的明确含义,并从数学角度对问题进行分类。波利亚指出,所谓"问题"就意味着要通过适当的行动,达到一个可见而不立即可及的目标。因此,"问题—探究型"网络课的学习内容是形成某个核心的问题,该问题往往要求学习者在一定的情境中通过自我建构的方法来学习。这种网络课程内容的组织不是从概念的教授、规则的掌握入手,不再以知识点为线索,而是根据知识的内在逻辑体系,通过问题来串联模块。

二、探究问题的选择原则

"问题—探究"是介于解题练习和数学研究之间的一类极其重要的教学活动。教师实施网络环境下"问题—探究型"教学所要解决的第一个问题是:选择一个问题,围绕这个问题创设一个有网络技术支撑的问题情境,这是具有挑战性的工作。问题可能会很多,漫无边际地探究是没有必要的。因此教师要对问题进行选择,充分体现网络环境的优势,让学生在短时间内经历类似科学探索的过程。选择适合的数学问题应遵循以下基本原则:

(一)科学性原则

这里讲的科学性有两层含义:一是指所选的问题要有利于充分利用数学课程中所学到的科学知识来解决所提的问题;二是指所选问题本身要有科学性,即有一定的可研究价值,对那些已经被实践证明是错误的问题没有必要再进行探究。

(二)因地制宜原则

选择的问题要从学生的认知水平和所处的具体的环境出发,不能脱离主客观条件盲目选题。也就是说,所选的问题要充分考虑学校的软硬件、学生的个人学习情况和电脑操作能力及动手能力等。

（三）可探究性原则

所选的问题要具有可探究性，即选择的问题要符合实际，通过努力能够解决。如人教版七年级《数学》阅读与思考内容："为什么$\sqrt{2}$不是有理数？"这样的问题就不具有可探究性。如果改为"如何在数轴上表示$\sqrt{2}$？"这样的问题，学生可以通过计算机检索、分析相关定理，再由勾股定理研究探讨，得出结论。

（四）关联性原则

一是与所学知识关联。所选的问题应该尽可能与所学到的知识有联系，也就是能够运用数学课中学到的知识来解决问题，获得学习的实效；二是与生活实际关联。所选问题应从实际生活出发，发现生活中需要解决的问题，通过探究活动取得实效。如"分式的运算"一课采用网络课的形式就很不合适，因为分式要使用公式编辑器，学生不会用，现场教是来不及的，通过网络进行教学和放映幻灯片进行常规教学效果基本上是一样的。

（五）前瞻性原则

学生是未来的建设者，探究性学习要引导学生关注未来，引导学生关注科学技术的最新发展，领略科学的前沿风采。这并不是让学生脱离实际地探究一些高科技项目，而是让学生关注未来，让探究专题成为信息技术的载体。

良好的开端是成功的一半。"问题—探究型"教学模式的第一阶段中，问题情境的设置能使学生理解问题的含义，激起学生的学习兴趣、求知欲望，引导学生进入课堂，为完成课堂教学任务打好基础。问题情境在设计时既要考虑到课堂教学内容，更要考虑学生的接受能力、认知结构，将其进行有机结合。问题设计可以根据不同的要求进行，可依问题设计的目的或方式来设计，也可按学生的认知水平来设计。

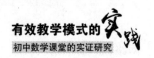

数学课程探究问题的类型

数学家哈尔莫斯曾经说过："问题是数学的心脏。"有了问题，思维才有方向，才有动力。所以，在数学的教学中，教师要有目的、有意识地创设各种问题情境，才能引发学生产生认知上的冲突和困惑，在问题情境中引导学生自主学习、合作交流，激发起他们的探究欲望，获得基本的数学知识和技能。教学中，教师选择问题时可以考虑以下几种类型：

一、结合生活实践的问题

数学家华罗庚曾经说过："宇宙之大，粒子之微，火箭之速，化工之巧，地球之变，日用之繁，无处不用数学。"这是对数学与生活之间关系的精彩描述。我们周围处处有数学，时时会碰到数学问题，数学教学中选择的问题来源于生活，学生可以把学到的数学知识应用到生活中，脱离生活实际的数学教学，会使学生的思维因缺乏具体而广博的信息支持而倍感困难。"生活化"的数学就是要让学生体会到数学就在身边，生活离不开数学，进而体验到数学的魅力。教师应在教学中树立新的课程理念，创造性地使用教材，利用各种渠道开发课程资源，组织各种活动，培养学生学习数学的兴趣，提高学生解决问题的能力。

《全日制义务教育数学课程标准》对数学教学有如下阐述："数学教学应该从学生的已有的经验出发，让学生亲身经历将实际问题抽象成数学模型并进行解释与应用。"数学课程的内容"应当是现实的、有意义的、富有挑战性的，这些内容要有利于学生主动地进行观察、试验、猜测、验证、推理与交流"。在教学要求中使学生感受数学与现实生活的联系,不仅要求选材必须密切联系学生生活实际,而且要求数学教学必须从学生熟悉的生活情景和感兴趣的事物出发,为他们提供观察和操作的机会。

二、帮助学生拓宽知识面的问题

探究离不开问题,学生的探究活动都是围绕问题展开的,探究式教学的起始点是老师对于问题的设定。因此,老师在备课时,设计探究活动时首先要思考的就是如何根据一堂课的教学目标和教学内容,将枯燥、抽象的教学内容设计成若干个有吸引力且容易被学生接受的探究性问题,以此来充分调动学生的好奇心。如让学生形成数学意识,简而言之就是学生会以数学的眼光,从数学的角度观察事物并阐释现象,对问题进行具体分析。学生能够对数学产生兴趣,主要依赖于教师教什么、怎么教,教师要让学生明白,数学不是枯燥无聊的公式计算,数学就在我们身边,数学就在我们的生活中。

新的初中数学教材一改以往的布局,增加了大量的实践性题目,这就要求学生在运用数学知识解题之前首先要读懂题目要求,有的甚至还要建立数学模型。如果学生的知识面不够,对题目中涉及的生活背景不熟悉,把题读懂就很困难,这就对学生的知识面提出了考验。为此,教师需要学习,学生则要拓宽知识面。通过指导读书、举办讲座、座谈等活动形式,学生们相互取长补短,这也符合新课程合作探究的要求。

新课程改革以后,初中数学知识被分成了多个板块,教师在教学过程中需要分模块教学。这样虽然是将不同的知识点分开教授,但是每个知识点都会有一些内在的联系。教师可以通过新旧知识的结合,用学过的知识来引入新的知识,不仅可以减少学生对新知识内容的陌生感,还能让学生巩固已学的知识内容。

对于探究型学习,我们一直认为只有培养学生探究能力才符合新课程的教

学理念,忽略了对学生的实际解题能力的培养。其实,对学生探究能力的培养与解题能力的培养是不矛盾的。在探究式学习的过程中,学生作为探究的主体,需要通过自己的探究去发现新事物。为了顺利地完成这个任务,作为引导者的教师,既要在学生脱离主题的时候适时地引导方向,不放任学生不着边际地乱探究,同时又不能过分地牵制学生的思想,造成"伪探究"的现象。

三、跨学科问题

在教学中,要求学生适应跨学科的学习,这不仅体现了数学对其他学科而言的"工具性"的作用,而且是当前中考应用问题的改革趋势,符合我国中学数学课程改革的方向。因此,在平时的教学中,除继续重视与社会生产、生活实际、社会热点相关的教学应用问题外,教师还必须重视跨学科知识应用的教学。

《全日制义务教育数学课程标准》指出:"要将数学与其他学科密切地联系起来,从其他学科中挖掘可以利用的资源来创设情境,利用数学来解决其他学科中的问题。""初中数学是义务教育的一门主要学科,又是学习物理、化学、计算机等学科以及参加社会生活生产和进一步学习的基础。"因此,目前中考题不仅突出对学生关注社会热点、人文环境、科学技术以及理论联系实际能力的考察,而且还强化对学生适应跨学科知识渗透的综合能力的考察,这既是体现数学的"工具性"的作用,同时又符合当前中学课程改革的方向。这就要求教师首先要将各学科进行有益的整合,教学中以本学科为中心,同时涉及其他学科知识,指导学生进行必要的探究与思考。

在传统教学中,学科划分得很细,学生不敢跨出自己所学学科的门槛,这严重束缚了学生的思维。在"问题—探究型"教学设计中,教师积极鼓励学生将各门学科知识融会贯通,进行开放性学习。

新课改和高考对于每一名数学教师来说都是一次严峻的挑战。教师要认真学习《全日制义务教育数学课程标准》,研究新教材,善于"用教材来教",而不是"教教材"。教师要善于将先进的教学理念与传统的教学思想相结合,善于在实践中反思,在反思中实践。

　　数学探究式学习活动的过程实质是一个不断发现问题、提出问题、解决问题和反思问题的过程。因此,要有效地实施问题探究式学习,关键在于教师要创造性地开发课程资源,设计合理、有效的问题,利用问题引导学生自主探究学习。

在"问题—探究型"教学设计中,问题选择是对学习内容的一个大致方向规定,为了使问题更加具体,需要将问题以一定的形式(即情境)呈现给学习者。

从广义来说,情境是指作用于学习主体并使主体产生一定情感反应的客观环境。从狭义来说,情境是指在课堂教学环境中,作用于学生并引起积极学习情感反应的教学过程。无论情境的外在形式还是情境内容都会使学生产生积极的情绪反应。创设数学问题情境,就是给学生呈现具有刺激性的数学信息,激起学生的好奇心、发现欲,继而转变成学习数学的兴趣,唤醒学生强烈的问题意识,从而使学生发现、提出、解决数学问题。

一、问题情境设计的方式

对问题加以精选之后,就要考虑如何呈现问题,什么样的问题情境有助于学生产生兴趣。教师需要丰富问题的表述,使学生形成对问题的全面把握。教师在陈述问题的时候,根据问题解决的心理过程和知识学习的过程(从知之甚少到知之较多、从知之甚浅到知之较深的逐步积累的过程),可以将网络课程中的问题分为以下三种方式来陈述。

(一)焦点问题

焦点问题是问题的具体描述,它以综述的方式阐述学习者应该解决总的问题是什么。具体的方法可以是讲一个故事、描述一个事件或设置一种身份,让学生在真实、丰富的问题情境中感受并明确自己所要解决的问题。焦点问题设计是问题设计的重点。

（二）学习问题

为了使学习者置身于提出问题、思考问题、解决问题的动态过程中进行学习，教师需要明确地布置一个或几个学习任务，也就是需要学习者进行探究的学习"问题"。学习问题是焦点问题的次问题，就是解决焦点问题，学习者首先要解决那些与之相关的问题。

（三）引导性问题

引导性问题为学生解决焦点问题的思考方向。引导性问题的目的有：引导学生指向关键的概念；帮助学生全面思考问题；激励学生以多种观点来看待问题。配合每个问题的解决，可以提供若干引导性问题，帮助学生学习。

二、问题情境设计的策略

（一）焦点问题的情境设计

"问题—探究型"网络教学中的问题设计主要指焦点问题的设计。焦点问题的设计就是创设一种问题情境，制造一种结构不良的"困境"，吸引学习者将已有知识和技能迁移。学习者通过焦点问题来把握问题状态，了解学习的任务。

如何向学习者呈现问题至关重要。如在进行人教版七年级《数学》"多边形内角和"主题网站的设计时，教师设计的焦点问题："三角形内角和为180°，四边形内角和为360°，其他多边形的内角和度数是否与边数有关？具体是什么关系？"

在呈现问题的时候，教师可以考虑网络和多媒体技术的性能特点组织和设计内容的呈现方式。网络课程应充分利用色彩、文字、图像、动画、声音、视频等多媒体资源来充分展示教学内容（问题），激发学生的兴趣。多媒体技术的化小为大、化大为小、化静为动、化动为静等功能特性，能有效地展现事物或事件发展变化过程，丰富问题的表述，使学生更好地理解问题情境，有助于学生的进一

步学习。如果在网络条件允许的情况下，运用一组视频来提出问题也是很好的设计方法。

（二）学习问题的情境设计

焦点问题阐述完毕后，下一步就是甄别解决焦点问题所固有的学习问题。在甄别学习问题时，有必要对方案中的焦点问题和学生必备的技能加以分析。学习问题的设计主要涉及一些问题情境中与核心问题直接相关的知识，或有助于学生理解和应对焦点问题的一些知识。如在"多边形内角和"一课，教师在网站中设计了这样的学习问题："请你利用数学工具计算手上多边形的内角和，有哪些方法可以计算？最佳方法是什么？"学生可使用折叠、用量角、分成三角形等方法。

（三）引导性问题的情境设计

引导性问题提供学生解决焦点问题的思考方向，更加关注细节和可操作性。引导性问题可以从以下几个方面设计：一是提出对不同的观点和不同的角度加以思考的问题；二是提出一些对处在既定的专业发展阶段的学生来说可能还不太明了的问题；三是提出一些与方案有关的问题。配合每个问题的解决，有针对性地提供若干引导性问题，学生可以选择对其重要的问题进行讨论，也可以忽略这些问题。

以"多边形内角和"为例，引导性问题的情境可以设计为："你可以按以下几个步骤来实施你的探索工作：探索从一点引对角线的条数，这些对角线将多边形分成的三角形的个数，归纳多边形内角和公式，由一个顶点可引对角线的条数，多边形所有对角线的条数。"

在具体的问题设计的过程中，焦点问题是设计的重点，是必须呈现给学生的，而学习问题和引导性问题则根据学习者的能力水平和学习内容进行针对性设计。

创设问题情境的策略

问题是数学教学的导向，数学学习的过程也是一个不断解决问题的过程。有了问题，学生的学习活动才有动力，学生的思维才有方向。在新课改深入发展的今天，创设什么样的数学问题情境才能使枯燥、抽象的数学知识贴近学生的生活现实、符合学生的生活经验和认知水平？创设什么样的数学问题情境才能有效引导学生在有实效的问题情境中自主学习、合作交流，获得基本的数学知识和技能？这些问题引起了广大数学教育工作者的关注，并持续进行深入地探索。

然而，并非所有的问题都会引发学生的积极思维，那些浅显粗俗的表面问题，学生会不假思索地说出答案；而那些过于艰深又脱离学生生活实际的问题，会阻塞学生思维的绿色通道，扼杀学生的兴趣。因此，教师在教学中要有效地创设问题情境，激发学生思维的活跃度，使他们在探求问题、解决问题的过程中既增长知识，又增长智慧。

一、创设真实的问题情境，激发学生学习兴趣

建构主义学习理论强调创设真实的情境，其把创设情境看作是"意义建构"的必要前提，并作为教学设计的重要内容之一。信息技术正好是创设真实情境

的最有效的技术，如果再与仿真技术相结合，则更能使学生产生身临其境的逼真效果。教师利用以网络技术为核心的现代教育技术创设与主题相关的、尽可能真实的情境，使学生的学习能在与现实情况基本一致或相类似的情境中发生。

如在进行"多边形内角和"网络课程的教学中，教师用 Flash 设计制作了"用相同的正多边形铺地板"的情境，学生可以任意选取"地板"并进行旋转、拼接等实际操作。

二、创设质疑性的问题情境，变"机械接受"为"主动探究"

学起于思，思源于疑。学生有了疑问才会去进一步思考问题，才会有所发展，有所创造。苏霍姆林斯基曾说："人的心灵深处，总有一种把自己当作发现者、研究者、探索者的固有需要……"传统教学中，学生主动参与少，被动接受多；自我意识少，依附性多。学生被束缚在教师、教材、课堂的圈子中，其创造性受到抑制。因此，在教学中我们提出：学生是教学的主人，教是为学生的学服务的。应鼓励学生自主质疑，发现问题，大胆提问。教师应创设质疑情境，让学生由机械接受向主动探索发展。

如"多边形内角和"一课中，学生在自己的计算机上看到了这样一道题："有一张长方形的桌面，现在锯掉它的一个角，剩下桌面的内角和是多少？"学生积极参与活动，继而提出探究性问题："如果锯掉的角是任意的，会不会出现不同的情况？""是不是从一个顶点和一边上的任一点锯？""如何锯才是最准确的？可以分为几种情况？""上述情况之间，有什么相互联系？"……

在课堂上创设一定的问题情境，不仅能培养学生的数学实践能力，更能有效地加强学生与生活实际的联系，让学生感受到生活中数学知识的存在，从而让学生懂得学习是为了更好地运用，让学生把学习数学当作一种乐趣。另外，创设一定的问题情境可以开拓学生的思维,给学生思维发展的空间。

三、创设纠错性的问题情境,培养学生逻辑推理能力

"错误是正确的先导。"学生在解题时,常常会出现这样或者那样的错误。对此,教师应针对学生常犯的一些典型的错误,创设纠错情境,引导学生分析错误的原因,寻找治"错"的良方。学生在平面几何的学习中常出现"想当然"的情况,教师不厌其烦地嘱咐,但收效甚微。

在"圆的专题复习课"中,教师选择在局域网中让学生访问教师计算机上的课件,并给课件起了个形象且具警示性的名字"圆中的隐含杀手",里面的每一道题都是教师先给出错误的答案,让学生自己纠错,学生也可点击"剖析"按钮查看解析。在知错中改错,在改错中防错,可以弥补学生在知识和逻辑推理上的不足,提高解题的准确性,增强思维的严谨性。

情境是学习的场景或环境,对学习有巨大的影响。一定的学习情境往往能激起学生的认知冲突,使学生在接触到与原有知识经验或认知水平不同的新信息时产生一种心理困境,这种心理困境往往会使学生产生尝试解决这种困境(问题)的心理倾向。而"问题—探究型"网络课是以问题为驱动的学习,因此问题与问题情景的设计可以说是"问题—探究型"网络课的最重要一环,是设计的关键所在。

在网络环境下,我们可以通过电脑模拟、录像播放、动画展示等多种形式的合理利用,尽可能地为学生营造"真实"的学习环境。

营造良好的设问环境能够及时激发学生的学习兴趣,将被动的学习转化为积极主动的回应,从而掌控学习的主动权,进一步全面地掌握所学的知识。在网络学习时代,利用多媒体技术,通过图像和视频等集多种感官为一体的学习手段,教师可以针对每一章的学习要点,找出焦点问题并以此为蓝本设计具体

的学习情境。学生根据所面临的不同情形，开动大脑，运用之前已掌握的学习知识，举一反三。充满创意的问题能够为师生提供充满创造性和启发性的学习过程，师生共同探讨，在过程中互相学习。

创设问题情境的核心在于激发学生的情感，启发学生发现问题水平，调动思维的积极性，促进师生之间及学生之间多边互动，使课堂教学变得有生气、有活力，让学生产生共鸣，促使课堂教学目标的高效达成。

第三章

课堂换位教学与有效激励策略

　　换位教学就是教与学的角色、作用发生交换，让学生从"学"的领域扩展到对"教"的参与，同时让教师从"教"的领域扩展到对"学"的参与。教师通过换位思考能求得与学生思维上的同步和心理上的共鸣，使教学过程得到优化。每个学生都有进步的要求，激励是学生前进的兴奋剂、加油站。教师要尽量多鼓励学生，善于发现学生的才能，给予学生明确的肯定和帮助，静待花开。

初中数学新课改教学中的 师生角色问题

　　教育部颁布的《全日制义务教育数学课程标准》（以下简称《课程标准》）中指出："数学教学是数学活动的教学，是师生之间、学生之间交往互动与共同发展的过程。"这里强调了数学教学是一种教师和学生的共同活动。因此，在数学教学中，我们就应该研究学情，从学生实际出发，创设有助于学生自主学习的问题情境，引导学生通过实践、思考、探索、交流获得知识，形成技能，发展有效思维，从而促进学生在教师的指导下生动活泼地、积极主动地、富有个性特点地学习。在《课程标准》的实施中，对数学教学中师生关系的重新认识，成为数学教学的一个崭新的研究课题，和谐的师生关系，使数学教学的效果日渐突出。

　　保持和谐的师生关系，有助于教师与学生进行良好的沟通，使教师与学生的交流更加精准有效。教师能更好地关注到学生日常学习生活中反映出来的问题，学生面对问题时，能采取更加积极主动的态度及时反馈。和谐的沟通方式能够极大地提高知识讲授的效率，教师所传授的知识点能够"内化于中"，真正被学生吸收并应用到自己的学习中。

　　在数学教学活动中，教师应发扬教学民主，成为数学活动中的组织者、引导者、合作者，形成有效课堂的教学氛围；在课堂教学中，教师要善于从各个方面激发学生的学习潜能，鼓励学生大胆创新、亲自探索，而不是一味盲目地跟随；教师要创造性地挖掘教材，积极开发、利用各种有效的教学资源，为学生提供丰

富多彩的学习素材和有效的平台；教师要关注学生的个体差异，有效地实施有差异的教学，提高教学的针对性，使每个学生在每个方面、每个环节都得到有效的发展。

《课程标准》更加强调学生是课堂教学的主体，教师是课堂教学的主导。但是，在操作层面上，教师的主导作用和学生的主体作用如何体现，是摆在许多教师面前的一道难题。课堂教学中，师生关系的合理定位取决于教师能否营造一个宽容的、具有支持性的课堂氛围。创设能引导学生主动参与的教育环境，让学生在平等、尊重、信任、理解和宽容中受到激励和鼓舞，由此建立的师生关系是合理的。对教师来说，能否为学生营造宽松愉悦的教学环境、能否采取适当的方式，使学生的主体地位得以实现，把学生置于问题之中，突现主导作用的功能，是突破师生关系的关键。

《课程标准》指出："有效的数学学习活动不能靠单纯的模仿记忆，动手实践、自主探索与合作交流是学生学习数学的很重要的方式。"在《课程标准》的指导下，教师的作用应从传统的传授知识的角色转变为学生学习的引导者、合作者。教师确定的问题应该能够让学生感到这就是他们的问题，在向学生提供真实有效的问题时，能够更大地刺激学生的求知欲，激发学生解决问题的信心。现代教育心理学认为：教师和学生往往因为各自成长的时代和经历不同，对同一个问题的认识层次或理解方式会产生一定的差异。因而在课堂教学中，师生难免会产生一些矛盾，这就需要处于主导方的教师进行适当的调节和控制，主动与学生沟通，了解学生的思维和想法，适度地用学生的语言与其交流，拉近师生的距离，保证课堂教学在和谐的气氛中进行，促进课堂教学中师生关系稳步进入良性发展轨道。

一方面，数学课堂离不开师生的合作，这要求教师成为学生的合作伙伴，与学生一起共建有利于个性发展的课堂；另一方面，交往可以激活学生的思维，有利于学生有效地获取新的知识。教师要打破"教师中心"的旧的数学教学模式，从"师道尊严"的架子中走出来，从"居高临下"的权威中走向合作。教师要有亲和力,真切地关怀学生,了解学生日常生活中所面临的实在问题,通过切实的沟通,了解学生的难处和疑惑,从而针对问题有效地提出解决办法。

课堂教学任务和目标的顺利完成需要教师和学生的共同努力,其取决于师生双方积极性、创造性的充分发挥。因此,教师在确定教学目标和进行课堂教学设计时,要深入了解学生的知识结构、思想动态和学习兴趣。在课堂教学中,教师要及时了解学生的心理感受,做好信息反馈,及时有效地做出反应。由于学生成长环境和个性不同,有的学生喜欢提出一些比较怪异、新奇的问题,有些学生喜欢通过自己的独立思考和探索求得新知识,有的学生喜欢通过与别人合作,体会学习的乐趣……教师要关注学生的个体差异,有的放矢,针对学生在学习中面临的不同疑惑和需求,有效地展开教学工作。

教师在课堂教学设计及实施过程中,不应只通过一种教学方法满足所有学生的要求。教师需要结合学生的个性特点和学习方式进行相应的调整和完善,构建一种新的学习环境,使课堂教学具有科学性、合理性和创造性,顺利有效地完成课堂教学的目标要求。教师应及时了解最新的教学教研动态,掌握课堂教学的更迭趋势,针对学生不同阶段的状态和需求,做出有效的回应和调整。

课堂换位教学让学生站在课堂中央

在《全日制义务教育数学课程标准》中，师生关系应当是平等、民主、互相尊重、和谐的。师生关系是课堂教学中各种关系的核心，正确处理课堂教学中的师生关系是实现教学目标和完成教学任务的关键所在。因此，改善师生关系是教师在教学过程中迫切需要解决的关键问题。新课程标准在教学目标中提出了过程目标，即让学生在数学学习中经历提出问题、收集处理数据、做出决策的过程。数学课上尝试师生角色换位是一种较好的展示此过程的方法。

成为一名让学生喜欢和崇敬的数学教师不容易。要让学生喜欢老师，就不能给学生留下古板、严厉的印象，就要与学生进行沟通交流，让学生感觉老师很亲切，学生由于亲近老师会渐渐喜欢老师的课。因此，教师要多找学生谈心，了解学生的思想动态，有可能的话，多与学生开展一些集体活动，让学生对教师产生一种亲和力，这样学生才会喜欢教师，进而喜欢教师教授的课程。

《全日制义务教育数学课程标准》强调，教学是教与学的交往、互动，师生双方相互交流、相互沟通、相互启发、相互补充，在这个过程中教师在与学生分享彼此的思考、经验和知识，交流彼此的情感、体验和收获的快乐的同时，实现教学相长和共同发展。这意味着教学过程不仅仅是一种认识活动的过程，更是一种人与人之间平等的交流过程，通过这一过程能够建立温馨和谐的师生情谊。

心理学研究表明，如果师生有良好的情感关系，那么这种关系会对学生的学习动机、学习兴趣、学习态度以及学习成绩产生极大的促进作用。这就是我们常说的"亲其师，信其道"。当师生之间建立起温馨的情谊，课堂教学氛围必然轻松愉快，学生对信息的感受、反应的敏捷以及思维的活跃都处于最佳状态。同时，教师也会从良好的师生关系中，从学生对自己的热爱与期待中，受到强烈的感染，真正体会到教学工作的意义和乐趣。

一、学生参与备课过程

新的教学理念强调：学生是课堂学习的主人，教师的"教"应为学生的"学"服务。因此，在教学过程中，教师要转变思想，更新观念，把学习的主动权交给学生，鼓励学生积极参与教学活动。特别是数学这门学科，把课堂还给学生的实践是非常有必要的。数学是一门极其讲究思维和逻辑的学科，只有学生不断独立思考，真正体悟这其中的逻辑，才能真正掌握知识。曾有一位数学教育家说过："衡量数学课堂教学效率高低的唯一标准是学生的参与程度。"教师应该想尽办法让学生参与，活跃学生的思维，让学生在课堂上真正"动"起来。如在学习"勾股定理"时，教师可让学生任意画一个直角三角形，测量各边的长度，然后通过计算发现各边的数量关系，从而归纳得出勾股定理。学生通过亲身经历，体验数学知识的形成，能够提高学生发现问题、解决问题的能力。

有学者指出："当学生在元认知、动机和行为三个方面都是一个积极的参与者时，其学习方式就是自主的。"学生预习的过程就是他们自主学习的过程，但预习时学生的角色还没有转变，学生对教师的依赖思想还没有破除。总是流于表面形式的预习，根本无法起到应有的作用。如果把预习改为学生准备自己来上这一节课，学生在拟好的预习大纲的指导下备课，充分发挥图书、网络的作用，在查阅材料的过程中理解课本中的相关内容，深化内涵，拓宽外延，这一过程就是学生体验"再发现"的过程。

如在预习"勾股定理"时，学生们制作了一个漂亮的专题网页，将勾股定理的悠久历史和多种证明方法展现得淋漓尽致，比起这种既增长知识又领会思路，既激发兴趣又进行爱国教育的教学方法而言，教师用一支粉笔、一把尺子进

行灌输逊色很多。

二、学生扮演小老师

当代著名教育改革家魏书生曾说过："教师不替学生做学生自己能做的事，学生能讲明白的知识尽可能让学生讲。"只要有适合学生讲的内容，都应给他们扮演小老师的机会。学生在"讲"的过程中获得成就感，充分认识到自己的能力，不仅能提高自己主动学习的兴趣和自觉性，还能保证自己更好地掌握所学的知识，学会在日常生活中有效地运用知识。

如在"等腰三角形的性质"一节的教学中，笔者尝试让学生主讲，主讲的学生不仅做了一张等腰三角形的半透明纸片，还要求其他同学也做。主讲的学生适时演示小教具，让等腰三角形的两个腰重合在一起，引导提问："动手做一做，你能发现什么？请尽可能多地说出结论。"这一问题引导学生们动手试验，思考交流。"小老师"还会学着用老师的口气不失时机地鼓励同学，学生的积极性超出了教师们的想象。这种换位，彻底消除了学生对教师的依赖心理，极大地提高了学生的课堂参与热情，有效解决了教师一头"热"、学生一头"冷"的难题。

三、学生变成小考官

学生是学习的主体，教师与其不断叮嘱"这里要注意""那里不要出错"，不如让学生在实践中吸取经验教训。许多学生在各种练习时反复出现同一错误，以至在题海中迷失方向。对此，教师可以让学生做"小考官"，针对同学们的易错点，让学生尝试自己设计练习题，考考同伴。这种形式的换位，学生表现出很浓厚的兴趣。

面对全新的课程标准，只要教师用心去唤起学生的激情和兴趣，赢得学生的信任，使学生全身心地参与，师生彼此敞开心扉，便能够共同感受课堂中的成长。

数学课堂对学生创新能力的培养，需要教师以现代教育教学理论为指导，纵观全局，充分协调教学中的各种因素，创设民主氛围，采取灵活的教学技法，激活学生的思维能力，让数学知识能更好地进入学生的心田，为他们的生活带来别样的魅力。只有学生"站在课堂中央"，才能在数学课堂上结出丰硕之果。

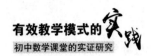

课堂换位教学构建新型师生关系

数学教师角色的转变是为了让教师在教学过程中最大程度地发挥其作用。这种转变,是让教师改变先前的拥有知识的权威者的形象,侧重对学习过程的组织、引导、参与并对自己的教学实践进行反思、研究,以取得更好的教学效果,构建新型师生关系。陶行知曾经说过:"我们要懂得儿童。我们必须变成小孩子,才配做小孩子的先生。"可见,教师应该放下姿态,蹲下身去,讲求方法,换位行事。

一、课前准备时的换位

在备课时,教师要经常问自己:"如果我是学生,我能明白老师的意思吗?"教师希望学生用最短时间学会最多的知识,掌握最多的方法和技巧。所以在留作业之前,可以自己先做一遍,对于学生已经掌握的习题可以删去,把最典型、最有价值的习题留给学生,鼓励学生进行多角度思考,保证学生做一道题就有一道题的收获。教师只有在备课时做好充足的准备,才能在教学过程中及时了解学生的问题和兴趣所在,针对所产生的问题提出有效的解决方案。

二、教学过程中的换位

在课堂上,教师要经常换位思考,假象自己是一名正在学习的学生,站在学生的立场去分析思考。

如面对问题"若一个正三角形和一个正六边形的面积相等,则他们的边长之比是多少?"学生可能一下子很难回答这一问题。教师如把自己当作正在解题的学生,从学生的认知规律出发,结合图形设置几个小问题:"正六边形可以分成以边长为边的多少个正三角形?这些正三角形和问题中的正三角形在形状上有什么关系?"通过这样的小问题,学生能够很快算出比值。有些教学内容在教师看来似乎很容易,三言两语就可以说清楚,但学生接受起来,却有很大的困难。教师要走进学生的内心,体察他们的困难,帮助他们将习题进行由难到易的转化。

三、课后反馈时的换位

教师应对每一次作业和考试的错题做好统计。对典型的错题,教师可以利用换位思考来模拟学生当时解答该问题时的思维过程,通过分析错误的思路,教师可以找到学生产生问题的真正根源,教学就能做到有的放矢。教师也可以在课堂上故意再"错"一次,错给学生看,错给学生思考,使学生引以为戒。如某一次试卷讲评课,一道典型且得分率不高的几何题,教师没有直接讲解答案,而是将该题的错解投影到大屏幕上,让全班同学一起来评判此题,找到错处,究其根源。这种着重呈现解题思维过程的换位,使整个教学活动处在活跃进取状态,学生的注意力明显提高。

换位教学就是要打破传统教学的"灌输"的特点,通过师生分享彼此的思考与体验,交流彼此的经验和观念,实现主导与主体关系的变换,引发学生学习方式的转变,使学生真正成为学习的主人。只有这样,教师的劳动才会闪现出创造的光辉,学生的学习才会涌现出创新的激情和成功的快乐。

换位思考就是换一种思维学习,教师站在学生的角度,才能及时地了解学

生的所思所想，用学生的思维去重新看待知识点。以预判来代替被动面对教学中所产生的问题，与学生及时地沟通交流，能够更好地提升教学效果。

数学教学中对学生有效激励的方法

"良言一句三冬暖，恶语伤人六月寒。"这句耐人寻味的古语，告诉了教师们这样一个道理——激励与批评在学生的心理上会产生两种极端作用。激励是利用外部诱因调动人的积极性和创造性的过程。心理科学家罗森塔尔曾做过这样一个实验：1960年，罗森塔尔到一所普通学校对学生进行"发展预测"，根据"测验结果"，将一份"最有发展前途"（其实是随机抽取出来的）学生名单交给该校的校长，并对校长说："名单上的这些学生经过八个月之后，成绩一定比其他学生有显著的进步。"

根据罗森塔尔的要求，校长对这些孩子们说："你们的智商比同龄的孩子都要高，希望你们努力取得更好的成绩。"果然，8个月之后，名单上的这些学生的成绩都比其他学生优异，他们求知欲旺盛，性格开朗，活泼可爱。这就是"罗森塔尔效应"。

罗森塔尔效应表明：一个人对另一个人的智慧成就的预言，会影响另一个人的智慧成就。而自己信任和崇拜的人对自己的赏识和激励，更能给予我们无穷的力量。可见，激励可产生巨大的动力，让人体验到成功的快乐。作为一名中学数学教师，在数学课中应该怎样采用激励机制，激发学生的学习兴趣，让学生体验成功的快乐呢？教师如果善于用表扬、鼓励、谈心、抓"闪光点"等激励方法，便能够使学生对学习产生信心。

一、目标激励法

教师在教学中要制定教学目标，以便控制学生的行为，使之向预定目标努力。教学目标对学生起激励导向作用，目标的高低要适度，目标过高学生会丧失信心，目标太低对学生没有激励作用。此外，教师应根据特定学生的不同情况，帮助他们确定下一个目标，在目标实现的过程中，让学生逐步认识自己，并树立自信心。如有位学生没有形成良好的学习动机和学习习惯，数学成绩与其他同学存在较大差距。教师了解到他喜欢足球，便在"世界杯"期间送给他一份赛程表，并向他请教足球知识，夸奖他聪明，借以激发他的上进心，同时适当降低目标，让他在测验中感受到"自己也达标了"的成就感。学生有了明确的方向，有了动力，对数学这门学科就没有那么畏惧了。当学生在老师的激励教育中获得了自信，有追求成功的迫切感，自然就会去努力了。

二、强化激励法

强化激励法即动用表扬和批评等强化手段激励学生。这一方法在教学上相当有效。有这样一个案例：小睿是一个非常聪明的学生，但是他上课不专心听讲，很少交作业，屡教不改。当教师问他为什么不写作业时，他竟然说："我到家就忘了。"教师明明知道他在说谎，却告诉他："好，老师以后会天天提醒你！"于是教师一连三天晚上打电话给他，督促他写作业。而后教师在跟其家长的谈话中得知，小睿非常惊讶、感动："我以为老师只是随口说说。老师教那么多学生，怎么可能会天天这样督促我？"果然，在这之后，教师每天都能看到小睿的数学作业了。一次习题课时，学生们面对两道几何证明题争论不休，各抒己见，而小睿的方法是全班最简单的。教师故意夸大了自己的激动："你真棒！老师都没有想出这么好的方法！"教师一次又一次对小睿及时地表扬，后来他已经成为数学"小尖子"了。

三、情感激励法

教师通过和学生交流情感,利用积极的情感体验,形成积极的学习态度,从而激励学生学习的积极性。为此,教师不仅要认真上课,还要注意课下的师生关系。教师要做到循循善诱、诲人不倦,用良好的师德去感染学生,与学生产生情感共鸣,学生由此获得奋发向上的精神力量。有这样一个案例:一位学困生每天坐在最后一排,在学生中"人缘"很不好,他有些自暴自弃,初三第一学期总是趴在桌子上。基于这种情况,教师找他谈心,鼓励他,并且特许他不交作业,而是完成教师上课前给他布置的"任务"。慢慢地,他好像看到了希望,上课很专心,教师总是适时地给他一个微笑,或是让他回答一些简单的问题并及时给予表扬,给他写一些激励的话。一周后,他给教师写了一封信,信中这样说道:"老师,谢谢您! 谢谢您没有放弃我。"教师以真诚和耐心相待,以浓浓的教师之爱激励他,他非常感谢教师对他的关心、教育。作为教师,对学生尤其是学习有困难的学生,多一份爱,少一份斥责,一定会取得好的效果。

四、加分激励法

进步是纵向比较的结果,是学生成长的阶梯。教师创建"进步加分俱乐部",向全班学生发出"我要加分"的倡议,并记录学生的每一次细小的进步,班级中四个组长手里有成员名单,能够随时加分。主动回答问题、作业工整、学习上总结归纳较多、考试进步、能独立完成作业等,都是加分的原因。在一个月内每加10分,学生会得到一个小奖品,并得到"进步星"的称号。每次月考之后,组长会总结本月加分情况,对成绩显著者给予物质奖励,并在班级内对进步学生给予表扬,这样鼓励学生不断努力。学生只要在某一方面有较为明显的进步,又得到大家的认可,就可以获得加分。

当然,"进步星"的产生需要教师以发展的眼光捕捉学生成长中的动态信息,并及时给予评价。如"你学会了独立思考,我为你的进步而高兴""能够教

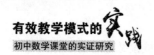

你这样的学生真是一种幸福"……这样的评价不仅发生在数学课中,还发生在学生学习生活的每时每刻。与此同时,教师把"加星"的权利让给每一位学生,让每个人都有机会体验成功,从而不断增强学习的内驱力,促进学生的主动发展。加分激励发生可喜的变化,学生们再也不局限于"谁是优生谁上台"的想法,再也不"吝啬自己的手",争先恐后地回答问题,大家积极动手动脑,勇于发表自己的观点。

五、问题激励法

教师精心设计每一节课,注意主题或问题的引出方式,例如用谜语、游戏、故事、多媒体等引出主题或问题,这样有利于激发学生的兴趣,培养和锻炼学生发现问题的能力。有时将学生发现的问题介绍给全体同学,让大家一起动手动脑,培养良好的交流合作意识。对于小组内学生发现的问题,鼓励组内学生共同解决,解决不了的,再由班级共同讨论。教师可以采用"看哪个小组提出的问题多、解决的问题多"的比赛等形式,加强学生间的合作,培养学生乐于合作和交流的精神。教师可以多进行恰当的表扬鼓励,发挥评价的激励机制,使学生始终保持对数学的兴趣、对探究事物的兴趣。

六、过错激励法

当我们遇到困难或出现过错的时候,真正需要的是发自内心的真诚帮助而不是教训。著名教育家苏霍姆林斯基说过:"当一个孩子跨进学校的大门成为你的学生时,他无限地信任你,你的每一句话对他来说都是神圣的真理。在他看来,你就是智慧、理智和典范……"如在一节习题课上,教师想找一位学生到黑板前写出一道中等难度题的解题过程,一位性格内向、不爱说话的女生举起了手,教师毫不犹豫地叫了她。结果她的板书非常工整,但却有一个计算错误。尽管这样,教师仍然对全班学生说:"她写的字真漂亮,而且她勇敢地站了出来,虽然有一个小小的计算错误,但同学们是不是应该为她的勇气鼓掌呢?"之后教师突然想起自己口袋里有一块巧克力，于是就把它送给了这个女生。因为这次经历，这个女生的数学成绩上升很快，性格变得开朗多了，上数学课时脸上有了笑容。

教师应当用心去挖掘学生的优点，宽容学生的过错和不足，努力使学生相信自己的力量。欣赏学生、信任学生、鼓励学生，能够帮助学生扬长避短，克服自卑，树立自信心。成长中的学生具有敏感的心，或许教师一个不经意的赞许眼神，一句简短的赞扬话语，一阵情不自禁的掌声将会成为他们学习和生活中的巨大的动力。

七、批评激励法

批评是教师教育学生的一种方式，在我们成人的记忆里，还有自己或同学被老师批评的情景，批评运用得恰当也能产生激励作用。有一个男生，他的英语成绩不高，一次英语课上，教师故意生气地对他说："你这样的英语成绩怎么能行？"男生当时便下定决心要学好英语，最后英语成绩一路上升到全校第一。后来男生遇到当年的老师时提及此事，老师告诉他说："我当时是故意的，因为你那时太贪玩了。"

显然，这种"激将法"的批评在男生身上产生了积极的作用，使他爆发出强大的力量。"激将法"就是利用学生的自尊心和逆反心理的积极一面，以"刺激"的方式激起学生"不服输"的情绪，使其产生奋发进取的内驱力，将自己的潜能发挥出来，从而得到不同寻常的教育效果。教师必须经常和学生进行"心理换位"，设身处地为其着想，以实现心理上的沟通和"相容"，保证"激将"教育的可接受性，发挥这种独特的教育方法的最大功效。

八、需要激励法

人的动机是由需要产生的，而学生的学习动机是学生进行学习的推动力。教师需要弄清的是学生在学习中有哪些需要，然后根据这些需要，研究使用正

确的教学方法,满足学生的各种需要。另外,教师还可以根据教学目标,有意识地设置问题情境,让学生产生某种需要。这样的教学方法可以让学生利用已有的生活经验学习数学、理解数学,这样既有利于学生思维的展开,又能激励学生学习。

当然,激励学生的方法还有很多,如评语激励法、竞争激励法、家长激励法等。"真正的教育是对学生充满期待与尊重",教师应让学生在"我是好孩子"的心态中觉醒,奋发向上。

第四章

初中生数学纠错能力的培养

在数学教学活动中，"错误"往往是教师在教学中、学生在学习过程中在各方面出现违反教学结论或数学方法的现象。可以说，在数学课堂上，每天学生都会出现这样那样的错误。没有大量错误做阶梯，学生就无法攀登进步的巅峰。因此，善于引导学生纠错是每位教师义不容辞的责任。"错误是正确的先导，是通向成功的阶梯。"教师能研究学生出错的原因，在错误上"做文章"，就可以变"废"为"宝"，应用错误这一资源，为教学提供资源。

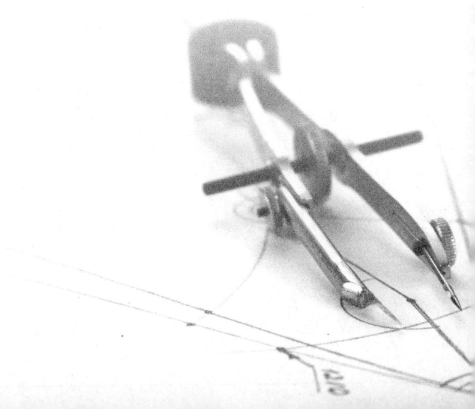

第一节
归纳错因，有效改错

我们经常能听到教师在学生频频出错的情况下抱怨："……明明讲了那么多遍，居然还出错……"这反映了教师在学生频频出错时的无奈，从另一个角度来讲，这也说明目前的纠错教学结果差强人意。

其实，学生产生错误往往因为以下几个原因：一是因为学习习惯、学习兴趣等非智力因素的影响。非智力因素是引导和促进学生学习、成长的一种内驱力，对孩子智力与能力的发展起着定向的作用。二是跟学生的元认知有关，元认知知识中的个体元认知知识对学生学习的影响集中体现在学生的自我效能感上。高自我效能感的学生与低自我效能感的学生相比，能展示出更强的学习策略，并能更多地对学习结果进行自我监控。三是跟学生的思维能力有关，学生的思维很容易受"定式"的影响，先入为主的东西在对新知识产生作用的同时，有其积极的一面（"正迁移"），也有负面的影响（"负迁移"）。

一、归纳错因，找准问题

初中阶段的数学课程较之小学来说，内容增多，难度增大，这就要求学生在初中阶段对学习提高要求。初中生以自己在小学阶段学到的数学知识为基础，对将来高中数学的学习做铺垫。学生由小学进入初中后，数学难度增加，出现各种错误的概率增大在所难免，尤其是刚刚升入初中的学生，他们在错题方面的重视程度不足，教师在进行教学的过程中，应该注重培养学生对错题的纠正

改进能力，保证学生在今后的学习中能够及时解决自己遇到的问题，强化学生的数学思想。

教师对于学生出现的错误，不仅要知其然，还要知其所以然。这样才能帮助学生找到出错的根源，治标又治本。当然，前提是帮助学生树立纠错追因意识。这就需要教师鼓励、引导学生探究错因。结合学生在学习中出现的错误，我们将学生的解题错误大致分为三类。

（一）知识性错误

初中数学中学生常犯的错误类型知识性错误，包括不理解题意、审题不全面、忽视隐含条件、看错题、概念不清、用错定理、记错法则与公式等。初中数学的知识结构极为复杂、抽象、缜密，无论是公式还是定理，都不能出现差错，一旦学生对于公式或定理的记忆稍有差池，那么对于一道题的推理将会瞬间崩塌。对数学概念的正确理解是掌握数学基础知识的前提，也是解题的基础。对数学概念的透彻理解和正确把握十分重要。如果学生对数学概念或基本的数学事实缺乏准确的理解，对概念的适用范围把握不住，对一个概念和另一个概念之间的区别和联系模糊不清，那么在运用概念时，错误就会暴露出来。对数学概念似是而非的理解将造成学生的解题失误，并会进一步阻碍学生数学能力的提高，对学生学习态度的影响也是消极的。

（二）策略性错误

纠错本身是一个从分析错误到解决错误的过程，它是达到学习目标的一种有效手段。纠错有利于学生自我集错与纠错能力的提升，学生自我效能感得以增强，甚至能起到改善和转变学生的个性品质的作用。

初中生在数学学习中的策略性错误主要表现为：不会审题、理不清知识关系、偷换概念、解题方法不当、思路受阻等。审题是解答数学题目的第一步，也是非常重要的一个环节，它是整个解题的基础。学生往往会忽视审题的重要性，具体表现为：有的学生在拿到试卷后，匆匆浏览后便急于解题，题目的条件与要求都没有理解，也就无法找到正确的解题思路，解题就非常容易出现错误。数学中的公式、定理都有一定的适用范围、成立的条件、符号表达，当学生学习一个新的数学公式或定理时，要非常清楚它适用的条件是什么，产生的结论又是什么，如何用数学符号或数学式子来表达，对公式或定理中的关键词，要理解正确。尤其要注意公式或定理成立的条件，任何一个数学公式或定理总是在一定范围内成立的，公式或定理与它成立的条件是不可分割的。单纯地记忆公式或定理，而对其本质缺乏深刻的理解，不考虑公式成立的条件，生搬硬套公式或定理就有可能造成错误。

数学题意的理解包括语法的理解和数学知识的理解。当题中有复杂长句时，有些学生弄不清楚主、谓、宾结构，不能把复杂的语句转化为简单的语句，造成对题意理解的不准确。对于数学知识的理解，则体现在学生对数学概念的把握和将问题转化为数学语言与符号的能力上。另外，还有些学生没有对题目所给出的条件以及条件与结论之间的联系进行思考和分析，最后造成无法确定解决问题的方向。

（三）心理性错误

学生在学习中出现知识性错误是非常自然的现象。问题是为什么学生会一再地重复同样的错误，纠错为什么这样难？一方面，学生有可能上课没有专心听讲、写作业时马虎、订正不到位、知识没有及时消化理解等；另一方面，教师的教学设计有可能不够合理、作业的布置有可能不太合适、纠错有可能不及时等，这些都是我们需要分析和研究的问题。对学生数学错误的研究不仅可以帮助学生找出错误产生的原因、提出改正的意见，还有助于教师改进教学观念，提高教学经验，发展专业能力。

初中学生在数学学习中最具有研究价值的错误类型就是心理性错误，如思维定式、考试中慌乱急躁、粗心大意、紧张焦虑等。学生往往由于一些心理的因素导致考试时不能正常发挥，这类丢分非常可惜。

一般来说，初中生对于短小的、直接用数学语言表示的题目理解得比较准确；相反，对那些冗长的、需要他们自己转化为数学语言的文字题，阅读起来就

比较吃力。有些学生做题急于求成，读题马虎，忽视问题的关键词，经常出现未理解题意就已经开始答题的现象。缺乏深度思考的学生，往往不能深入地钻研与思考问题，不善于从复杂的情况中把握住事物的本质，容易被一些表面现象迷惑，把问题绝对化，或者犯不求甚解的毛病。

例如，在概念学习中，弄不清一些容易混淆的概念，如正数和非负数、倒数和相反数、有理数和无理数等；在公式、定理、法则的学习中，不能完全地掌握公式的条件、结论和适用的范围等，具体表现为思维表面化、绝对化、形式主义、一知半解等。缺乏思维灵活性的学生不能对具体问题进行具体分析，不善于根据实际情况的变化及时调整原有的思维过程与方法，不能灵活地运用相关的知识和方法来解决问题，并且局限于固有的思维模式，不具有较强的应变能力。

解题时，有些学生常常先对问题进行"模式辨认"，当在解决相似的新问题时，具有试图把新的问题纳入已建立的模式中加以解决的心理倾向，如此容易造成"先入为主"的思维惰性。此外，学生对已经接受的知识、解题方法等内容，往往在心中有比较深刻的印象，这些固然对新知识的建构是很好的经验，但也会限制学生对问题做出更加深入细致的探讨，使其产生思维定式。

二、挖掘错误，有效改错

当学生在运用数学知识解题出现错误时，要让学生回到概念中去，找到对概念理解不到位的地方，或者从思维深处去挖掘，正确分析问题，掌握分析问题的方法。

（一）挖掘课堂上的错误信息

华罗庚说过："天下没有数学家没算错过题的。"学生在课堂上出现错误是很正常的事情。教师不仅要对错误保持宽容的态度，而且要善于把握、挖掘学生的错误，让学生在找错、析错、改错中体验成功，提高能力。

【案例】

在讲授新课后，针对容易出现错误的基础性习题进行训练时，教师经常会让几个出错率较高的学生到黑板前把解题过程书写在黑板上（这样很容易暴露多种常见错误），然后找几位学生到黑板前找出错误，用不同颜色的笔把错误之处圈出来并改错，针对典型错因（如括号前是负号，去括号时没有变号等知识类错误）请原来出错的学生对此进行分析，并由其他学生评价。

案例中将学生的真实错误作为教学资源，把解决问题的主动权还给学生，引导他们比较、思辨，让他们自己明确错因，寻求改正的方法，体验知识的内在联系与区别，避免重蹈覆辙。学生在这样的纠错过程中，完成自己的纠错任务，让错误发挥最大的教育功效。同时，教师在这一过程中还要保护出错学生的自尊心和自信心，告诉学生："学习是自己的体验，在体验中难免出错。错误并不可怕，关键是找准错因，有效改正。"课堂上，学生没有因答错题被教师斥责的担忧，更没有被同学耻笑的烦恼，在和谐的气氛中，他们思维活跃，敢说、敢做、敢问。

（二）挖掘作业中的错误信息

作业是检验学生学习效果的一种途径，作业中出现的错误是学生学习盲区的主要展示平台。数学教师可以将学生作业中的错误转化为有价值的教学资源，抓好学生家庭作业纠错这一环节，强化教学效果，引导学生形成正确的思考方法，进一步提高教学质量。

【案例】

在批改作业时，对于共同存在的、亟待解决的错误，教师除了反思自己在课堂上的教学是否有漏洞外，还要利用换位思考的方式模拟学生解答该问题的各种思维过程，通过分析错误的思路可以找到学生产生问题的真正根源。再上课时，教师可以先让学生把错误的解法原原本本地抄录在黑板上，而后让出错的同学在讲台上讲解思路，请其他学生或是出错学生本人分析错因，教师进行必要的指导和补充，还可以针对这种错误进行必要的变式训练。

【案例】

对于学困生或是自主性不强的学生，教师可先对他们的作业进行面批面

改，这种纠错方式虽然传统，但针对性强。然后教师可以传授批改方法（尤其对易错点的识别），让这些学生对其余的作业进行批改，事后让他们做简单的总结：哪道题的出错率高？为什么出错？如果时间允许，还会让其他学生找学困生进行回批。这样，既能强化知识，避免再次出错，又能增进师生关系。

教师应当树立正确的错误观，即学生的错误并不是给教学设障碍，而是一面能够及时反馈教学效果的照妖镜，也是一些容易忽略的细小问题的放大镜，是为学生和教师构建的一架沟通的桥梁。教师只有树立正确的错误观，掌握科学的纠错手段，让学生的错误转化为成绩的提高点，才能更好地促进学生对知识的吸收，学生才能真正掌握知识。

故意出错，变废为宝

有效的纠错时机是学生在练习或考试后，教师针对学生的个别或普遍错误，引导学生进行分析或讨论，消除困惑、改正错误，进而掌握知识、提高技能的一种教学形式。作为一名数学教师，从某种意义上讲，修正错误比传授新知识更重要。教师不论采取什么方式纠错，都应本着友善和谐的原则，不能让学生感到教师是在挑刺，从而产生反感和不愉快的心理。

一、故意出错，防患未然

学生的错误有时是"可遇不可求"的，如果能创造一些"有价值的错误"，引导学生自己找错、改错，逐步形成主动纠错的意识和习惯，这将对学生的发展十分有益。

【案例】

学生在学习一元一次方程解法中的"去括号、去分母"时，在巩固训练中频频出错，纠错时，教师可以展示这样一道题：

有个"小马虎"，下面是他做的题目，大家看他做得对不对？

方程 $\dfrac{x}{2} - \dfrac{x-1}{4} = 0$ 去分母，得 $2x - x + 1 = 0$；

方程 $1 + \dfrac{x-1}{3} = \dfrac{x}{6}$ 去分母，得 $1 + 2x - 2 = x$；

方程 $\dfrac{x}{2} + \dfrac{x-1}{6} = \dfrac{1}{3}$ 去分母，得 $3x - x - 1 = 2$；

方程 $\frac{1}{2}+\frac{x}{3}=x+1$ 去分母,得 $3-2x=6x+1$。

课堂气氛活跃起来,学生在教师设计的"陷阱"里大胆否定、批判和辨析,教学难点被轻松突破。

【案例】

解一元二次方程: $x(x-2)=x-2$。教师在黑板上进行解题示范,解题时故意将两边先同时除以 $x-2$,轻松得到 $x=1$。此时班里大多数学生都很赞成。教师并没有立即给予评判,而是让学生陈述理由。之后,教师将 $x=2$ 代入原方程,学生们发现,2 也是原方程的根。此时,教师告诉学生,方程的两边同时除以 $x-2$ 容易丢根,激烈的认知冲突使学生开始深入思考这一问题。

此时教师进一步追问:"在解分式方程时两边要乘以最简公分母,且最后一定要验根,为什么?"学生很容易想到增根。这样能使学生的认知结构更加系统和完整。教师并没有喋喋不休地讲解,但学生在教师精心设计的"错误陷阱"中,领悟出了数学道理。这样的有意"出错"能有效地调节教学气氛,让平淡无奇的课堂变得更具吸引力。

二、将错就错,变废为宝

数学教学应最大限度地满足每一个学生的需要,最大限度地挖掘每一个学生的智慧潜能。在真实的课堂中,学生不可能不犯错。教师可以经常针对学生的错误进行"将错就错"的训练,这种变废为宝的方法,引导学生从正、反不同角度修改错误。这不仅能使不同层次的学生发现错误,提高学习的积极性,而且可以扬长补短,拓宽思维,提高学生思维的灵活性和创造性。

【案例】

李明骑车上学,一开始以某一速度行驶,途中车子发生故障,李明只好停车修理。车修好后,因怕耽误时间,于是李明加快了车速。下列给出的四个函数示意图中,符合以上情况的是( )

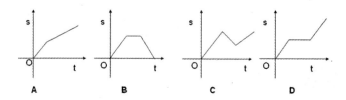

学生很快会选出 D 是正确的。对于其他错误选项，教师"将错就错"，因势利导："请你根据 A、B、C 三个选项，变换原题中的条件，改编故事。"学生参与意识明显提高，大家设计了多种情境。有的学生说："晚饭后，爷爷出去散步，来到广场后，忽然想起驱蚊的扇子忘在了刚才路过的凉亭，于是急忙回去拿。大家猜猜这是哪个选项？"

教师继续引导："大家能不能根据刚刚这位同学说的内容设计一道几何题？"意外的精彩出现了，学生设计出这样一道几何题：长方形 $ABCD$，有一个动点 M 从 B 出发，沿 BC—CD—DA 运动。同学们，在运动过程中，三角形 ABM 的面积 S 和运动的时间 t 的函数关系符合哪个选项？

这样的"将错就错"，教师鼓励学生不拘泥于当下的问题情境，勇于"异想天开"，激发学生自己思考并构造出满足特定关系的函数实例，加深对函数的理解，这种艺术化的处理方法正是教师转换视角，珍视课堂"错误"的魅力所在。

正确处理好学生学习中产生的错误，不仅能给学生带来继续学习的积极心理暗示，更重要的是能让学生在错误中重新学习曾经遗漏的知识点，认识到自己的思维死角，巩固提高自己。

纠错行动，贵在自主

错题应天天整理，教师要引导学生及时订正。教师要做到课堂上解决易错的问题与知识点，分层布置课后作业，优等生自己找错，中等生根据提示找错，学困生面批改错。教师要注重整理反思，整理学生的错题，形成教师的错题集。教师应注重激励性评价，充分肯定学生，激发学生纠错的积极性，错题周周清。当教师持之以恒地做这件事时，学生必将得到很大的提升。

一、树立纠错意识，使学生乐于纠错

自主纠错意识并不是与生俱来的，需要靠教师的引导来唤醒。以往教师经常要求学生要订正错题，但是学生解题的正确率并未提高多少，不该错的题还是错了。于是教师转换策略，引导学生自主纠错。如要求学生在 10 分钟内订正完，教师再批改、打分数、加分，使学生对比前后分数差，理解纠错的意义，树立学习的信心，了解自己的不足，主动纠错，让自己的问题成为今后进步的垫脚石。

二、鼓励坚持，从"三分热度"变成"日常习惯"

想要将纠错行为变成学生的一种习惯并且长期坚持下去，关键在于鼓励他们保持纠错的内驱力。如课堂上学生回答错误时，教师不要换其他学生回答，而应引导学生分析错因，鼓励其完成纠错，这既维护了学生的自尊心，又树立了其自主纠错的信心。又如开展纠错比赛，激发学生纠错的积极性。每周把纠错

认真的学生名单记下来,大力表扬。鼓励学生坚持下去,逐渐养成纠错的习惯。

三、传授纠错方法,使学生学会纠错

纠错有方法。学生需要在课上、课后以及倾听中、自查中提升自己的纠错能力。老师要查找产生错误的原因,查漏补缺,对症下药,提升学生的解题能力和思维能力,改变低效的纠错。

典型错误会反复出现,为了尽量避免重蹈覆辙,教师应要求学生设立纠错本,将错题"一网打尽"。首先教师可以要求学生将产生错误的主要原因(如用错定理、记错法则与公式、偷换概念等)抄录在纠错本的首页,并有意识地指导学生规范纠错格式:注明日期、题目、错解、错因、正解、反思。题后反思能提高学生的解题能力。题后反思的内容可以是解法是否合理、有无规律可循等。教师应鼓励学生善于发现、总结,使学生逐渐提高反思的能力。在写纠错本的过程中,学生一开始会觉得很麻烦,但时间长了,就会体会到其是作业的延续与升华。

四、自主纠错行为案例展示

学完因式分解以后,对于一些忽视首项为负、没将因式分解到底等易错点,教师设计专项作业,专项作业中的练习题都有解题过程,并涵盖多种错误,学生的任务就是用红笔给老师"判卷",如有"错题",在旁边改正。或者教师可以将学生已做过的练习卷上的错题扫描、裁剪、分类粘贴,然后再印成"纠错卷"发放给学生。这种做法学生很感兴趣,他们会猜上面的错题出自谁,自己要小心,不要做错,达到引以为戒的目的。

数学纠错课是数学评讲课的一种类型,其是指在学生检测后,教师针对学生普遍存在的问题进行纠错讲评。这类课应以学生为主体,教师为主导。

在"圆"这一章测试完之后,进行了一次以学生自主纠错为主的讲评课。

讲评课的第一个环节是学生自己纠错和互相纠错。教师要求:"请大家在15分钟内,自己回忆当时做错题的过程,相互讲评优劣,取长补短。"有的学生

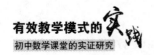

把试题遮挡起来,不看解题过程,重新做一遍,做的时候发出感悟:"哦,原来我没好好观察图像!"有的学生捶胸顿足、不断懊悔:"条件和结论调换了,我怎么当时转不过弯来?"有的学生学着老师的样子给同学讲解不同的方法,有几个学生互相辩论,坚持自己的方法才是最好的:"两圆相外切,求外公切线长是两圆直径的比例中项最好的方法是用这个公式!""不是,我们要提高全面考虑问题的能力,所以最好的解法是像我这样做辅助线,证明这三点共线,再利用相似三角形……"

讲评课的第二个环节是师生共同纠错。教师提出问题:"大家做得很认真!老师现在有一个问题不明白,向大家请教:23 题、24 题难度适中,但得分率却并不高,原因在哪里呢?"学生们浏览试卷,冥思苦想,教室里非常安静。此时,最佳时机已到,"杀手锏"该"闪亮登场"了。学生看着大屏幕,出错的学生的试题被扫描投射在大屏幕上。学生们又惊、又喜、又怕,每翻一张幻灯片,学生会猜这道题是谁做的、问题出在哪里,全班同学一起当老师来点评这道题:"以偏概全,解不完全;顾此失彼,模糊概念;运算过程过于简单,书写格式并不规范……"学生的注意力和参与意识明显提高。

初中数学是一门十分重要的学科。初中数学教学中,解题教学非常重要,难度也很大。教师要在解题教学过程中,对学生的纠错能力进行重点培养。在以往的纠错能力培养中,教师经常是让学生直接把错误摘抄下来,学生机械地进行学习,这种做法并不能帮助学生形成较高的纠错能力,导致学生在今后做题的时候可能还会出现类似的错误。

在新课程教育改革背景下,教师应该针对初中数学解题教学内容,立足题目本身,对学生的纠错能力进行重点培养。初中生存在马虎、思维不缜密等问题,学生若能发现自己存在的问题会比教师重复若干次更有效。初中数学教学中学生纠错能力的培养可以带动学生问题意识的培养,为学生形成良好的学习习惯打下坚实的基础。

梳理错题，反思提升

学生的错误虽是不可避免的，但却是学生在学习中的真实反映，能够充分体现教师纠错的价值和意义。教师应正确地对待错误，及时捕捉稍纵即逝的错误并巧妙地运用在教学活动中，让学生通过纠错能"吃一堑，长一智"，从错误中悟出一些道理来，起到"治病""预防"和"免疫"的作用，帮助学生不断进步。纠错反思是学生对题目本身、解题过程和相关思想方法的消化、吸收、再提高的过程。它可以引导学生养成良好习惯，优化知识结构，总结解题技巧，掌握数学思想，提升思维品质。我们应该在平时的教学中重视纠错反思，让学生在反思中培养良好的数学素养。

一、初中数学错题本的作用与使用

错题本主要是学生在日常学习过程中，将自己试卷、作业及习题中的错题整理成册，以更好找寻知识薄弱环节，为日后复习做好积累，为强化复习确定目标，达到提升学习效率的目的。因此，为更好满足《全日制义务教育数学课程标准》的要求，教师也应认知到运用错题本的重要意义，结合学生的学习需求，构建起更加长效、科学的错题本应用体系，培养学生的自学能力。

（一）初中数学错题本对学生的作用

1. 帮助学生查漏补缺。通过建立及使用错题本，可帮助初中学生对知识点进行更好的查漏补缺，并将自己的错误与学习期间存在的薄弱部分进行系统分

析与总结。对于学生而言，除马虎等问题导致的错误之外，错题还与其知识盲点具有直接关系。只有正视错误，深入分析错误发生的症结所在，才能更好地提升自身的学习效率。

2.增强学生的探究意识。利用错题本可以切实提高学生的探究意识，培养学生自我反思能力。在日常教学期间，教师可为学生创设问题教学情境，让学生对自己学习过程中出现的问题进行自我反思与解决，更好地提升学生对未来复杂数学知识体系的适应能力。

3.培养学生的自我效能感。高效利用错题本，能够切实提升学生的自我效能感，让学生将不同种类的错题及时记录下来，更好地减轻学生负担，提升学生学习效率，为学生日后复习提供更加有效的依据。

（二）初中数学错题本对教师的作用

1.提高数学教学质量。使用错题本可更好地提升初中数学的教学效率。由于初中数学知识点繁杂、联系密切，学生极易在不同环节中出现错误，无法及时对教师授课内容进行反馈，通过讲解错题本中学生出现错误最多的习题，可帮助学生更快地找到自身存在的不足，提升实际教学效率。

2.调整数学教学方向。将错题本应用在初中数学教学中，能够使教师了解并掌握学生数学知识的水平、思维习惯及学习习惯，及时调整教学重点，开展针对性教学。同时，教师也可对学生出错的习题种类及特征进行分析，反思自己在教学过程中存在的不足之处，更好地制定教学改进方案，以更好地适应学生实际，提升教学水平。

（三）初中数学错题本的使用

1.引导学生归纳问题。为切实提升初中数学错题本的有效性，教师需指导学生对日常学习情况和数学问题进行总结归纳。错题记录完毕后，需对其进行及时整理，并对错题内容及特征进行分类。具体而言，依据错误内容进行划分，可将错题分为有理数、不等式知识等；依据错误问题种类划分，可将数学计算问题划分到一起、将选择问题划分到一起。学生可依据此种更加系统的数学归纳方式，进行反复训练，加强自己对错误点相对应的知识与技能的掌握。不仅如此，在归纳完错题后，学生还需将错题解题思路及知识点记录下来。由于有些错题是由学生的思维定式引发的，因此在记录与归纳错题的过程中，还需不断练习与错题相似的题目，以便更好地纠正自己的思维惯性。

2. 帮助学生进行反思总结。在初中数学学习过程中应用错题本可更好地提升学生的解题能力，降低学生相似问题出现错误的概率，更好地提升自身的数学成绩。因此，数学教师更应注重错题本的应用，带领学生对错题本中的内容进行更好地梳理。同时，借助错题内容，更好地规范学生的学习行为，使学生对错误进行自主反思与归纳。同时，教师也可让学生对错题类型进行定期归纳及回顾，选定某一时间对学生不理解的错题进行集中讲解，切实提升错题本的使用效率。

3. 教授学生错题本的使用方式。现阶段，部分学生为提高中考数学成绩，在考试前使用题海战术。此种方式虽然可让学生在短时间回顾重要的知识点，但实际效果差强人意。因此，教师可让学生在考试之前围绕错题本进行复习，对自己数学学习期间存在的薄弱之处进行专项训练，让学生通过自主反思解题方式、构建知识链等进一步提升数学复习的系统性及有效性。同时，教师也可通过归纳学生错题类型，对学生普遍不理解的抽象知识点进行再次讲解，帮助学生更好地攻克数学难题。

4. 创新错题本的使用方法。为更好发挥错题本在初中数学教学中的积极作用，教师可在使用错题本期间，创新使用方法，激发学生对错题本学习法的兴趣。如将错题本应用到小组学习中去。小组间成员相互交换错题本，对比出错相同与不同的错题，对出错的题目进行相互讲解，通过讲解错题的解题方式，加深彼此间的有效交流，达到事半功倍的学习效果。

此外，教师也可以错题本为主，在各小组间组织竞赛，竞赛标准可设定为错题本的详细度、整洁度，也可将错题本中内容作为竞赛重点，让各小组进行解答及评阅，由教师对竞赛结果进行总结，并给予表现优秀的学生与小组一定奖励，

更好地激发学生归纳错题、使用错题本的积极性,掌握更多的解题技巧。

为切实提升初中数学的教学质量及效率,教师可充分发挥错题本的积极作用,引导学生找寻自身存在的不足之处,利用错误去体验并理解数学知识,更好地培养出学生的反思能力。

二、重视纠错题反思,提升思维品质

数学是思维的体操,初中是培养与锻炼学生数学思维的黄金阶段。要学好初中数学,首先需要转变学生的思维方式。小学数学处于数学的初级阶段——算术层面,进入中学,就进入代数的学习,思维方式发生了很大的转变。多年的教学实践表明,重视纠正学生的错误,引导学生反思,提炼总结相关的思维方法,使学生掌握一定的解题技巧,是提高学生学习成绩和思维品质的有效方法。

(一)反思错误根源,加深对相关知识点的理解

从新的课程标准的角度看,"错误"是来源于学生学习活动本身的教学材料,对学生具有特殊的教育价值,有时错误比教师的谆谆教诲更有说服力。我们应该从学生的角度出发,正确认识"错误",分析"错误"产生的原因,在此基础上进行有针对性的辨析。这样,就可以变"废"为"宝",让学生通过"错误"看清相关知识点的"真面目",提高对相关知识点的辨析能力和运用能力。

(二)反思题目内容,培养仔细认真的习惯

很多时候,学生犯的错误都不是知识性错误,而是由于读题时一目十行,漏掉或误读一些关键词,导致对题意理解得不清楚、不准确。在习题讲评时,教师应首先要求学生沉下心来,认真细致地读题,对题目的关键字词要用心揣摩、冷静分析,找出已知与未知,对比自己的错误思路和方法,让学生对题目有全新的认识。长期坚持,学生能够养成仔细认真的好习惯。认真仔细的好习惯不仅能有效提高学生成绩,而且能提高学生在生活中处理实际问题的能力。这样的好习惯会让学生终身受益。

（三）反思正确的解题过程，体会问题的本质

面对生疏的问题出错是非常正常的。但是，有时候在听了教师讲评后，学生把做错的题重新再做一遍，依然觉得困难重重，只有在教师指导下不断地反思、揣摩、反复探索，学生才能理解问题的本质，掌握解题的技巧。对此，教师可以引导学生多问几个为什么，如"题目的难点在哪儿？突破口在哪儿？题目设置的障碍有哪些？要怎么样思考才能绕过这些障碍？解题时运用了哪些基本方法？运用了哪些基本概念和定理？有没有其他不同的解法？这些解法孰优孰劣？"教师也可根据实际情况，对问题进行改造，设置不同难度的"问题串"，这样既可以检验学生对问题理解的深入程度，也可激发学生的求知欲。

数学在锻炼人的逻辑思维能力方面有不可替代的作用，这种锻炼仅靠教师的传授是不够的，学生应在教师的引导下，对知识进行独立反思、消化、再吸收进而获得。所以，在习题讲评过后，要求学生按照正确的思维方式再做一遍，让学生在做中体会、学习，这样才能更深刻地把握正确的思维方式，掌握相应解题技巧。

（四）反思相关题型，提升思维品质

我们在解数学题的过程中会发现，对一个知识点进行考查，出题的角度和问题情景的设置不同，题目就不同。正所谓"万变不离其宗"，我们在解题之后，仅仅对一道题进行反思是不够的。我们应该在掌握基本方法和技巧的基础上，对做过的相关题目归纳整理，体会它们的共同点和差别。这样可以发现解题技巧，掌握数学的思想方法，深刻领会知识的内在联系，从而做到触类旁通、以不变应万变，提高知识的迁移能力和运用能力。

教师要引导学生积极开展纠错活动，使学生从被动地接受纠错，转变为积极主动地纠错。如教师可在课堂测试后把批改好的试卷发给学生，学生在限定的时间内进行改正，教师回收改正的试卷后重新批改、计算分数，学生通过对比，就会找出其中的差距，也会感受到纠错的重要作用。为了避免学生"一时兴起"进行纠错，教师应该激发学生继续纠错的内驱力，引导学生形成纠错的习

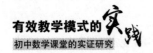

惯。学生在回答错误的时候，不要急于否定学生，而是让学生进行自我反思，并鼓励学生继续纠错。

学生针对问题的反思需要教师正确的引导。教师将针对错题的科学的分析方法在实际操作中传授给学生，让学生树立科学的错题认识观，在科学分析后，深刻挖掘错题的潜在价值，将错题转化成自我提升点，进而从学习习惯等方面全面地提高自己。

第五章

基于大数据的试卷讲评课的教学模式

随着新技术的发展，借助信息化系统，教师可从多个维度了解学生的情况。这类教学实践因依托数据技术而被统称为"基于数据的教学"。一方面使教师可以根据学生的学习行为进行教学干预，即开展试卷讲评课，另一方面能够系统全面地记录学生的特性、学习需求和学习行为，为不同类型的学生选择性地推送学习资源，给予个性化发展指导。随着技术不断进步，阅卷方式也在发生着变革，试卷讲评课因依托于数据的挖掘和分析而走向精准。

基于大数据的试卷讲评课的
教学现状分析

当今社会,信息技术发展迅速,大数据让我们的生活变得非常方便,无论是在网上约车还是根据网购爱好推送精准商品,我们生活和工作的方方面面都已经潜移默化地受到大数据的影响。与此同时,大数据也已经融入教学中,为我们的教学带来了活力。

一、国家政策支持大数据走进课堂

《国家中长期教育改革和发展规划纲要》明确指出:信息技术对教育发展具有改革性的影响,必须得到高度评价。我们应该积极运用大数据等新技术,创新资源平台和管理平台的建设。《教育信息化 2.0 行动计划》指出,我们应"探讨在信息化条件下实施个性化学习,精细管理和差异化教学,全面提高教师和学生的信息化水平"。大数据技术在教育中的应用是一种趋势,借助网络实现大数据采集和分析,采用有效的教学模式,是我们要研究和实践的新课题。

二、传统试卷讲评课存在的问题

教学检测是教学中非常重要的一步,要从检测中发现问题及问题指向,就要在检测后的数据中寻找,对检测的数据进行统计分析。

试卷讲评是教师从专业角度对教学行为、学习行为给出评价。试卷讲评课

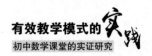

是实现这一教学行为的主要教学方式，它对弥补学生学习的不足及教师教学的漏洞起着非常重要的作用。试卷评价是教学测试的重要组成部分，而大多数教师对试卷评价缺乏足够的重视，认为这一课不重要，不会像授新课一样耗费太多的时间和精力。很多学校因为组织考试工作比较烦琐，教师负担重，无法正常对试卷的数据进行采集与分析，从而影响试卷讲评课的有效性和针对性。

大量的试卷让教师无暇顾及细节的问题，然而细节往往最能够反映出学生的问题。教师对学生群体中暗藏的统一问题的忽视，会阻碍学生的进步。

缺少信息技术支持的数据处理非常困难。学生答题情况的统计分析工作量大，分析单一，难以从学生答题信息中获得有价值的统计信息，试卷讲评很难切中要害。还有很多教师虽然也进行试卷讲评，但还是以老师讲、学生听的方式进行，学生只能被动地接受，讲评形式单一，按题号一讲到底、枯燥乏味、分析少、互动少、课堂效率低。这种试卷讲评方式学生不感兴趣，更谈不上学习的积极性和学习效率的提高。试卷讲评课应该如何设计？如何备课？如何使试卷讲评课更有效？如何让学生身心愉悦并高效地吸收知识？这是教师必须解决的重要问题。

三、数据技术融入试卷讲评课

大数据时代，数据技术为实现试卷精准分析提供支持，为教学诊断、教学评价提供真实有价值的信息。教师的教学活动产生大量的数据信息，怎样利用数据为教学服务？怎样从大量数据中提取有用的信息？怎样进行科学的分析，提升教学行为的精准度，减少盲目性？怎样让数据发言，通过数据反映教学的不足，进而呈现教学的规律？怎样实现数据精准采集、依托教育学理论构建以学习者为中心的评价体系？

大数据不仅能使教师及时掌握学生的学习动态，通过对大数据的一键分析，能够提高教师对学生学习有效性的认识。精准的数据采集往往能反映学生整体的学习面貌以及学习中所存在的普遍问题。针对一些学生的个人数据与集体偏差较大的情况，教师能够展开针对性辅导，让每一位同学都能在大数据时代获得更大的进步。

基于大数据的试卷讲评课的
教学探索过程

　　随着评价制度的改革和教师对评价行为、评价结果、教学理念的反思,试卷讲评课越来越受到教师和专家的重视。学生既是学习的主体,也应该是评价的主体,所以教师在试卷讲评的过程中,要引起学生的共鸣,允许他们以讲评课主人的角色参与到讲评过程中来,从而体现出教师对学生学习状况的了解和对学生发自内心的呵护。以前教师讲评只是通过单一化的方式对学生分数进行评价,现在我们应注重全面、具有可持续性的讲评,即关注过程、兼顾结果,使讲评过程成为学生积极参与和总结反思的过程,成为学生客观评价自己、借鉴他人的优点、弥补自己的不足、师生一起进步的过程。

　　德国教育家克罗恩在《教学论基础》中提到了"教师的视点"。"教师视点"是指教师如何从本身出发看待学生。有关教学中互动主体视点的研究表明,对教师视点的调查,同时也是对学生视点的了解,这一研究结论说明,了解学生的各种视点是教师的日常工作。每一次的备课,每一次的讲评,对学生每一次的骄傲与失望,每一次对自己教育行动的成果进行评价,都是教师角色扮演能力的展示。教师只能观察到学生的外在行为,必须通过分析、揭穿、了解不可见的深层次的原因。那么如何分析深层次的原因呢? 大数据时代,随着学习分析技术的引入,学生学习时使用的学习平台能够自动收集学习过程的数据,并形成分析表,教师可以根据此表并结合学生的学习情况,为学生制定个性化的指导

方案。

一、传统的试卷讲评

通常情况下,考试过后,教师会阅卷,然后发放试卷,逐个讲解试题的正确答案,在黑板上演示相关题目的解题过程。但这样做,学生的学习效果不佳。导致学习效果不佳的原因有以下两方面:一是这种试卷讲评模式中,学生被动地听,缺乏"自行解题"的经验,并没有掌握解决问题的方法,也没有提高学习的积极性;二是根据遗忘曲线,学生没有早期的实践和巩固。那么,如何处理好检测与评价的矛盾,做到知识与能力共同提升呢?教师可尝试对试卷讲评课进行如下改革:

教师向学生下达任务,学生用十分钟时间,回忆自己当时做错题的过程,相互讲评优劣,取长补短。教师应提出具体要求:首先,找出错因,然后自己改正。对于自己还不能改正的题目,主动向老师或小组其他同学请教。然后,学生对自己在本次考试中发现的不足和收获做一分钟的点评。

对于难度适中而得分率并不高的题目,请学生们分析错因。同一题出错的学生试卷扫描投射在大屏幕上。全班同学一起当老师,点评此题,找出错因。有的题目,教师可以模拟学生回答问题时的典型错误思维过程,故意"错"一遍,让学生自己看、自己体会,再要求每位学生在《错题追踪记录》上点评和反思自己本次考试的所失所得。

对于难度较大、综合性较强的题目,尽管有一些"教师们"的帮助,可大部分学生仍旧感觉一知半解。对于这样的题,可以以教师分析解题思路为主。课后,教师需要印发与本试卷题型和难度相仿的一套巩固卷,尝试多次测试。

二、对试卷讲评课新模式的探索

试卷讲评课的实践研究经历了两个阶段:一是传统测评后试卷讲评课的实践研究;二是依托数据进行测评后试卷讲评课的实践研究。

（一）传统测评后试卷讲评课的实践研究

试卷评讲课"讲什么、怎么讲，评什么、怎么评"直接关系到试卷评讲课的效果。为了更好地了解试卷讲评课的实际现状，查找试卷讲评过程中存在的问题，我们随机选取了七、八、九年级的 400 名学生，发放调查问卷进行调研，并根据访谈大纲对教师进行访谈。

通过调查，我们了解到当前试卷讲评课的真实现状，并发现 88% 的学生希望在考试后得到教师的表扬，40% 的学生认为教师应该对重要题目进行讲评，60% 的学生认为教师应该讲解错误率最高的题目，52% 的学生认为教师应该分析试卷中的关键错误。大部分学生希望教师留出时间让学生们尝试自己先讨论解决错题，还有学生希望结合教师的分析方法和解题思路独立解决错题。

学生对试卷讲评课还有一些其他需求，如：想了解他人的答题情况，但不希望公开班级排名；希望教师能解释学生们犯错误的原因和预防出错的方法；对于更复杂的问题，希望教师能提出问题，引导学生与他人讨论；针对测试中的问题，希望能够进行有针对性的练习；希望教师能够在评语中总结某些操作方法。

访谈大纲共有两道开放性题目，我们对个别教师进行了比较详细的访谈，获得了更为全面的信息。根据教师访谈内容，我们了解到，传统的考试后，由于缺乏技术支持，学生的学习成绩的测量和记录是以纸笔为工具进行的，因此收集、分析的工作效率不高，很少有教师去统计试卷的各种考量指标，试卷讲评课课堂气氛沉闷，学生思维受到束缚，课堂效率低下，教师往往对按题号一讲到底，生怕学生漏掉知识点。然而，这样的评讲必然导致难点难以突破，重点不够突出，既耗费学生时间，降低学生的积极性，教师还很辛苦，事倍功半。在实际教学中，教师很难考虑到每个学生的需要，很难调整每个学生的学习计划并提供独立的指导。学生们经常会被一些问题困扰，自我盲目地练习。尽管教师已经逐渐意识到试卷讲评课的重要性，却因为准备期间耗时费力，没办法真正做到有效讲评。因此，试卷讲评课的实践研究难以向前推进。

（二）依托数据进行测评后的试卷讲评课的实践研究

数据技术不仅可以实现自动测量、记录并直观显示结果，还可以提高数据样本的分析频率，从而提高测试记录的连续性。因此，我们开始尝试将试卷讲评大数据技术有效地利用起来。

1. 成立课题组。针对上述现状，我们成立课题组，课题组成员经过讨论、交流，最后确定课题名称为"基于数据的试卷讲评课的有效教学模式研究"。

2. 学习理论和技术，更新理念。课题组成员不断收集教育资源与信息，并应用在教学实践中。课题组成员通过学习大数据操作技术和有效教学的理论来指导教学行为，并赴北京、成都、广州等地参观学习。通过学习，大家充分了解了课题的背景、科学基础、教育思想和实践价值，从而实现思想的转变。

3. 调研分析、提炼总结。学校依托智学网平台，准确地采集阶段考试、期中考试乃至平时作业测验中能够反映学生学业水平的过程性数据或终结性数据，并面向教师、学生、家长形成多层级评价分析报告体系。这样，隐藏的问题、规则和结果表现就成为教师提高教学行为和对学生进行个性化教育的有效指导。

通常在测试后，教师会花费大量的时间与精力筛选试题进行巩固练习。根据多元的数据采集方式对班级学习情况进行统计分析，能够为教师提供班级阶段性学习情况报告。教师可根据数据分析，了解知识点掌握情况和共性错题，针对班级的实际情况，系统能够以更有效的方式组建特殊的训练内容。对同一个教师的多个班级，系统可以依据不同班级的知识点掌握情况生成不同的专项训练试卷。

为了更好地了解教师们运用数据的情况，课题立项初期，课题组成员听了全校教师的试卷讲评课，然后对其分析结果进行整理，利用业余学习时间沟通交流，达成初步共识后开展实践。

在调研过程中，课题组成员对师生的教与学进行了认真地分析，发现虽然有了数据的支撑，但仍存在以下问题：一是学生的课堂注意力有限，少部分学生没有养成良好的倾听的习惯；二是在课堂上，教师虽鼓励学生大胆提问，但学生仍不能主动发言,缺乏发现和提高问题的意识,缺乏分析和解决问题的能力;三是部分教师没有充分发挥学生的主体作用,也没有给学生单独纠错与合作的机会,少数优秀的学生"占据"了课堂交流对话的机会,学习困难的学生并没有尝试解决问题,而是在被动地等待答案;四是教师运用智学网系统不够熟练。

针对这些问题,需要深入探讨解决办法,逐步改进课前高效备课、课中精准讲评、课后个性化练习等关键过程。研讨交流先在学科组内进行,学科组再推选代表参加学校层面的研究交流。在实践环节中,课题组对展示课进行录像,组织教师观看录像并进行片段点评,从而提炼组卷、讲评的策略,总结各科特点,归纳出适合本校试卷讲评的有效教学模式,向全校推广并实现讲评课后的个性化学情诊断和练习。

试卷讲评是指考试后教师对试卷进行解剖、分析、点评,以达到帮助学生完善知识结构、提高解题能力、掌握学习方法、积累学习经验的目的的教学活动。试卷讲评课是非常重要且常见的课例,在复习阶段,试卷讲评课甚至变成了主要的课例。传统的考试分析,往往是基于教师个人经验性的主观判断,不够深入、不够全面,数据价值的利用率很低。在试卷讲评课中,教师往往"唱独角戏""一讲再讲",学生"一错再错",这样的讲评是低效的甚至是无效的,它将直接影响考试的效果甚至是教学的质量。随着教育信息化的快速推进,网络阅卷系统在考试中逐渐得到应用和推广。相比传统的流水线式的人工阅卷,网络阅卷系统无论在阅卷方式还是试卷分析等方面都显示出其优越性,利用系统平台生成的数据可以使教师开展更精准的试卷讲评。

试卷讲评以提高学生掌握知识程度为最终目的,随着科学技术的发展,试卷讲评迈入科学化时代,更具针对性和准确性。网络技术的引入能够直观反映学生的试卷情况,生成有效图表,为教师系统化教学贡献力量。

基于大数据的试卷讲评课的
特征及理论基础

试卷讲评课作为课堂教学中非常重要的课型之一，是教学环节中必不可少的一环。通过试卷讲评，既能够对前一阶段教师教学成果和学生学习成果进行展示，又能对教师接下来的课堂教学和对学生的管理给予指导，其重要性不言而喻。但目前试卷讲评课普遍变成"对答案"，这样的试卷讲评课作用比较低。随着教育信息化的发展，教育大数据进入教师的视野。通过数据平台挖掘试卷背后的丰富信息并应用于试卷讲评课课堂教学，创建一个将数据试卷分析与试卷讲评课结合起来的新型试卷讲评课模式，既能激发学生的学习兴趣，又能提高试卷讲评课的效率。

一、基于大数据试卷讲评课的特征

大数据通常指科学实验、测试、统计数据，具有大规模、长期测量、记录、保存、统计、分析等特征。在教学中，大数据是教学改进的主要指标。除测试的结果外，教师还可以挖掘学生的努力程度、学习态度、智力水平、领域能力、交互协作等深层次的有价值的数据信息，揭示隐藏的学习行为和其他内容。一方面，教师可以根据学生的行为分析学生的知识基础和认知能力，对学生的个性化教学进行个性化设置，开展教学工作。另一方面，大数据可以系统、全面地记录、跟踪和控制学生的学习特点、学习需求和学习行为，提升不同类型学生对学习资源和教育途径的适应性，支持学生构建知识结构和学习方式，提供个性化的发展方案。

试卷讲评课是教师根据学生学习表现或考试后的反馈信息重新设计并组织教学的常见课型。其以学生的答案为基础，充分利用学生答题中生成的教学资源，对学生的错误进行归因分析，对学生创新解法进行提炼，对解题规律进行梳理，达到纠正错误、拓宽思路、总结规律的目的。试卷讲评是知识再整理、再归纳、再操作的过程，对学生所学知识的修正、巩固、改进、扩展和深化起着重要作用。试卷讲评对于学生而言是帮助学生掌握所学知识，提高能力；对于教师来说，这是探索解决问题的方法、寻找规则和提高学生解决问题能力的有效方法。试卷讲评的关键在于怎样讲解和如何评价。

（一）教学有效性是关键

课堂教学中的"有效"是指教师在教学中所用的时间少、消耗的资源少，获得的教学效果较显著。教学效果并不在于教师是否完成了教学任务，而在于学生获得了多大的收获。学生没有收获或者根本不想学，即使教师再努力，也是没有用的。同样，如果学生学习很努力，但学习收获并不大，那教学也是低效甚至是无效的。因此，学生是否有学习收获或发展是衡量有效教学达成与否的唯一指标。

教学的效率在于学生的学习。学习效率应该从学习速度、学习结果和学习体验三个维度来考量。首先，学习速度是学生学习特定内容所花的时间，学习效率的提高不仅不能以延长学习时间来实现，而且不能以牺牲学生身心健康为代价。其次，学习结果是学生的变化、进步和成就，学生不仅要学习教师所教的知识，还要将其内化成为个体的知识系统。最后，只有学生能体验到学习的乐趣，并享受学习的乐趣，才能养成良好的习惯，树立终身学习的意识。

（二）教学模式要科学

教学模式可以定义为一些教学思想或理论指导下的相对稳定的教学框架和教学过程。作为一个结构框架，教学模式从客观的角度提出了整个教学活动

与教学模式内部要素之间的关系和作用,强调模式的运行秩序和可操作性。

二、基于大数据试卷讲评课的理论基础

(一)建构主义理论

作为对学习过程中认知规律的深入分析的科学理论,建构主义理论在20世纪90年代得到广泛认可。根据皮亚杰的观点,学习是外部环境与学生内部因素的互动过程。随着内部因素和外部因素的统一,形成了建构主义理论的初始基础。科尔伯格进一步探索了内部因素和外部因素在结构和条件方面的相互作用过程,并通过客观层面上的两个逻辑概念的构建,更加细致地研究了内部因素,即如何更好地发挥学生的主动性。文化和历史发展理论丰富了外部因素的理论框架。这一系列研究为建构主义理论提供了基础并得以不断完善和发展,使该理论在教育教学领域得以广泛应用,为教育者理解教学和实践教学提供科学的理论保障,在教育和人才培养中发挥着极其重要的作用。

课堂是信息流动的平台,也是影响教学效果的重要因素。在课堂上,教师的主要作用主要体现在如何为学生创造教育环境,激发学生探究问题的兴趣,引导学生形成问题意识,培养学生解决问题的能力,支持学生充分发挥主体作用等方面。

(二)教学评价要有针对性

教学评价是根据科学标准,运用有效的技术手段来衡量教学的过程和结果,并给出价值判断。教学评价不仅是对教学工作质量的测量、分析和评价,也是对学生的发展和课程实施的评价。教学评价一般包括对教学过程中的教师、学生、教学内容、教学方法和手段、教学环境、教学管理等因素的评价。从教学的发展来看,教学评价主要是对学生知识掌握的效果和教学质量的评价以及对促进学生发展的评价。教学评价方法主要包括定量评价、定性评价。定量评价主要通过作业练习和课堂反馈实施,定性评价可通过分析协作学习过程、学生作品和学生的学习行为及学习过程等实施。

　　教学评价有利于各级各类学校纠正和引导教育的方向。教学评价的基础是教育政策、专业目标、学生学习水平和每门学科的课堂标准所确定的内容。教学评价的实施通常要把师生的活动分解成若干部分，分别制定评价标准，很难通过一次测试确定学生学习和教师教学各方面的情况。根据标准，我们可以对教学进行评价，以确定教育活动是否偏离正确的教育路径，是否符合教育政策和教学目标，是否符合不同学科的课堂标准所规定的目标和任务，从而使教学始终朝着预定的方向发展。

　　随着教育信息化的不断发展，师生可借助信息技术开展教学评价。利用信息技术开展教学评价，一方面可以利用编制好的在线测试工具、数字化试题、学习终端等便捷地组织和实施评价；另一方面可以即时获取与评价有关的数据并快速做出数据分析进行评价，教师据此可及时调整教学。基于信息技术的教学评价能够突破课堂时空和参与者的限制，拓展到课外、校外的活动，评价的主体可拓展到家长、专家及社会人士等，评价方式可采用学生互评、第三方评价等更多样的方式，从而改变评价形式单一、单向和受时空限制等不足。

第四节
基于大数据的试卷讲评课的教学实施操作

大数据的到来不仅影响着我们的生活方式，改变着我们的生活习惯，而且以一种不可阻挡的态势影响着教育。对于教育生态中的重要组成部分——教师而言，这种影响同样具有"不可逆转性"。我们应顺应形势，借助大数据的特点，优化教育教学行为。对于未来的课堂，教师要能够根据数据分析了解学情，锁定教学内容，更加有的放矢地开展教学，不能因把握不准学情，一厢情愿地教授学生已经懂得或者已经学会了的知识。普通教师授课，可以根据数据分析及时进行有效评价，这就像面前坐着一位专家，能够随时指出课堂教学的优点和疏漏一样。

一、基于大数据的试卷讲评课的流程

试卷讲评课的有效实施可分为五个环节：一是科学的命制试题，二是真实流畅的数据采集，三是精准到位的课前准备，四是务实高效的教学过程，五是因材施教的课后巩固。五个环节层层递进，形成了一个基于大数据的试卷讲评课的操作流程。

（一）第一环节：命制试题

根据测试的目的不同（如单元测试、期中测试、期末测试、竞赛等），试题命制的难度不一样，侧重点也不同。教师在教学过程中必须能够科学地命制试题，这是教师的一项基本的专业能力。开始命题时，教师应制作双向系目表，即在考前对考点考量的分布和难度等有预估，并根据命题时制定的知识维度能够最终实现对每个学生的每个知识维度进行分析统计，使分析结果更精确。

依托智学网系统提供的超过 600 万道的试题资源和 30 万套的试卷资源，教师能够实现快速科学的试题命制。测试问题有问题类型、答案分析、提示点、困难度、区域、组织时间、学生答题时间、平均成绩等信息标识。智学网系统具有知识点组卷、同步组卷、学情组卷、专项组卷、模拟组卷五类智能组卷方式，其生成试卷的知识点、题型、难度、顺序等都能够在系统中得以显示，便于教师制作双向系目表，并对生成的试卷再编辑。此外，智学网系统能够及时更新，提供支持性响应和详细分析，并支持下载和打印等功能。

（二）第二环节：数据采集

教师可利用智学网系统采集数据。智学网系统将阶段测试、期中测试乃至平时的作业或测验均纳入网评当中。智学网系统对试卷答题卡提供三种数据采集模式，以满足不同场景的数据采集需求。

考试网阅模式（先扫后阅）：这种模式适用于年级统考、校际联考，教师可以随时随地移动阅卷。

测验手阅模式（先阅后扫）：这种模式适用于普通测验、课后练习，最受教师们欢迎，教师可以将批改留下痕迹。

日常练习模式（智能批阅或"手机采集＋自动批改"）：这种模式适用于在线作业。

系统及时生成多维数据供教师分析提取。依托考试网阅模式、测验手阅模式等多种数据采集方式，能够实现全场景动态数据的采集与分析，形成可信、多元、多层级的评价报告。

（三）第三环节：课前准备

智学网系统存储了批阅的数据信息，并能够对这些数据信息进行系统分析。教师进入"检测报告"中的"班级报告"，便可查看分析结果。"班级报告"中包含以下模块：学情总览、试卷讲评、试卷分析、成绩单，提供阶段性作业和考试的成绩分析、班级薄弱点及高频错题等分析报告。这些内容一方面有助于教师发现学生知识掌握的不足，另一方面能够为教师确定课堂教学的共性与难点，引入双向教学机制和学习反馈，实现教学的准确评价并提升教学效率。

1.数据统计分析。教师可以先在"学情总览"界面，通过班级平均分、最高分、优秀率、合格率、班级排名等指标，了解该次考试自己班级的基本考情。如有参考班级还可以了解对应数据，以确定本班级的成绩状况和各同学所处的位置。

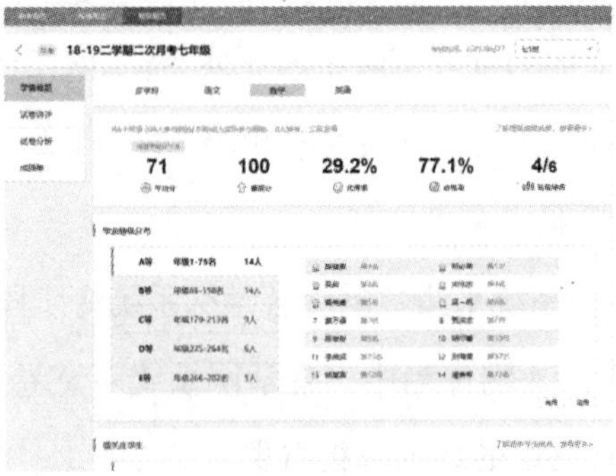

图5-1　智学网系统中的学情总览界面

2.统计分析命题。教师进入"试卷分析"界面后，能够看到试卷的基本分析、大题分析、小题分析、知识点分析、作答详情。

图5-2　智学网系统中的试卷分析界面

试卷基本分析：试卷基本分析包括对试卷的难度、难度比例（难、中、易）、信度、区分度进行分析，使教师了解试卷的整体情况，进而了解学生的学情。

大题分析：大题分析主要从题型以及对应的题号、分值、占比、年级均分以及年级得分率等角度进行分析，并对每班平均成绩进行比较分析。

小题分析：小题分析主要分析问题的数量、对应的问题类型、分数、难度、平均分数，并对班级平均分和本班级得分率进行对比分析。

知识点分析：知识点分析主要列举试卷中对应考察的知识点，以及对应的题号、知识点权重、年级得分率，以及与各班级平均分和得分率进行的对比分析。

3. 统计分析错误类型。智学网系统能够分析并解决学生回答中的常见错误，正确找出导致问题产生的原因。

具体做法：教师点击进入"试卷讲评"，先看答题情况功能，系统支持教师"按题号""按得分率""按知识点"三个不同维度查看学生答题情况，并提供多种筛选方式帮助教师快速定位讲评题，按得分率排序，就可以知道共性错题。找到一些共性错题后，教师可以点击"答题统计"，包括各分档人员统计、典型试卷等答题情况一目了然。教师点击绿条之后，可以看到该题答错学生的名单和这些学生的试卷。在获得了精准翔实的数据后，下一步可以开始对数据进行整理加工，挖掘背后隐藏的问题，设计试卷讲评课并付诸实施。

图5-3 智学网系统中的试卷讲评界面

4. 设计试卷讲评课的三维目标。教师应从知识与技能、过程与方法、情感态度与价值观等方面仔细设计试卷讲评课，将考察的知识作为一个整体加以把控，并应加以一定的改变。教师要对考点分布、成绩分析、学生的得分率了然

于胸。

知识与技能：针对全班得分率较低的题目及其相对应的知识点和学生未能掌握的基本解题方法的题目，教师应分析解题障碍，给出解题思路与方法，通过进一步练习使其真正掌握。在前期教学中，对曾多次纠正和梳理但学生仍不明白的问题要分析其问题根源，与进一步学习有关的关键知识和关键技能要进一步深化、拓展。

过程与方法：学生对试题已进行了充分深入的思考，但思路出现偏差，教师应帮助学生理顺思路，充分还原学生思考的过程，暴露隐藏在学生思维深处的错误原因，加深学生的印象，达到纠错目的。教师要集中解决学生暴露出的问题，总结规律、方法与技巧。

情感态度与价值观：教师可以从设计意图、试卷特性（问题类型、难度、知识和能力分数）、学生的得失等方面进行简要评估，"心中有数，目中有人"。学习评估的过程可以帮助学生梳理知识系统，同时可以将教师的注意力转到学生学习的情况上来，让学生反思解答过程，将知识点链接起来。

（四）第四环节：教学过程

试卷讲评应深入挖掘试卷中各方面的信息，对学生的答题情况以表扬或是提醒为前提，引导学生采用自我纠错或小组讨论交流的方式分析失分原因。教师对于学生解决不了的典型试题应进行详细的归因分析，选择一两道典型题目，进行适当拓展，带出相关联的知识，帮助学生突破思维瓶颈。最后，学生应再次更改试卷的错误，并完成巩固练习题。

试卷讲评课的教学内容要重点从"错例、方法、规律、思路、拓展"展开，这是一个系统的教学过程，要求教师精准地把握考点，精讲精析，突出重点、难点，发挥学生学习的主动性，让学生的思维发挥最大的作用。只有教会学生正确解决问题的方法，才能以不变应万变，真正提高教学质量。

（五）第五环节：课后巩固

讲评课后，教师要重视对错误的整理总结、巩固训练、个性化辅导以及和学生的思想交流。学生之间的差异是客观存在的，对于学习能力较差的学生，他们需要个性化的辅导，并在试卷分析后巩固所学知识；对于学习能力较强的学生，他们需要个性化的激励。利用智学网系统，教师可以了解每个学生的学习轨迹、长处、弱点等信息，通过一定的操作，每个学生都可以进行个性化的练习，从而更好地实现个性化学习。

考试后，如果教师要求学生写总结，学生们往往会迫于压力，敷衍了事，这样的总结并没有发挥真正的作用。教师应该重视考试后和学生进行书面交流，可以赞美、鼓励，也可以指出学习中存在的问题和努力的方向。教师可与学生面谈，抓住交流的机会，这样既可以增进师生情感又可以让学生树立自信心，改正缺点、走出误区。

二、提高试卷讲评课的有效策略

（一）精心备课

实施试卷讲评前的准备工作是极为重要的，教师要依托智学网获取详细准确的数据统计和分析结果，提升试卷讲评课的精准度。

对所有类型的数据进行准确统计后，还必须对可能被标记为"典型错误""常见错误"进行分类统计，分析错误产生的原因，并制定改进措施。厘清关联试题是极为重要的备课环节，教师要做好归类与变式，将整个试卷当中有关联的试题按照其难易程度来进行排序，将不同类型的试题进行变式，为高效试卷讲评做出准备。

对于一些综合题，教师还可以进行解题新法的统计分析。学生的答案往往有许多不同于标准答案的新的解决方案。这些新颖的解决方案是学生能力的体现，是学生思维的火花，对这些解决方案的分析和研究有助于激发学生的创造性，并使教师理解学生的思维。我们应该珍惜并将其融入解决问题的经验系

统之中。在智学网系统中，教师可以点击"我的讲评卷"，系统会自动推介比较好的做法，教师也可以点击"答题统计"中标注"优秀解答"的试卷，浏览"对比讲解"。

（二）挖掘有效的讲评内容

1. 展示错例。教师可以让学生说出或写出自己的解题思路，在课堂上暴露自己的真实想法和思考过程，把课堂激活，把学生的思维激活。通过智学网系统快速呈现一些错例（学生试卷），能够培养学生的批判性思维品质，增大思考的力度，提升思考的质量。

2. 讨论思路。教师引导学生思考题目用到哪些知识点以及这些知识点之间的联系、问题解决的突破点在哪里、解决这个问题的最佳方法是什么。

3. 总结规律。教师引导学生总结这一类型题目的解决方法、书写格式等，使学生能够分析问题并了解问题的本质，纠正错误并能够解决同类问题。

4. 梳理方法。教师引导学生突破现有的思维瓶颈，了解测试问题的本质，总结问题解决的方法和技巧，选择典型问题，教会学生思考的路径，帮助学生清理思维路径中的障碍。

5. 引领拓展。教师讲评时不能就题论题，要"借题发挥"，善于将原题进行类比、联想、变形。这样学生们会觉得新奇有趣，解决问题的热情可以被激发，思维也可以活跃起来。

（三）掌握试卷讲评课的技巧

1. 重点讲解共性错误。共性错误反映出学生整体知识和思维建构中的薄弱之处，找到产生错误的根源并进行重点讲解，能够提高学生的判断能力，这种纠错方法是跟踪实践、发现并弥补课堂缺失的关键点。

2. 发散讲解典型试题。针对试卷中的高频考点和典型试题，教师可以"借题发挥"，改变或调换题设和结论，发散学生的思维，拓展学生思考的深度，如一题多解、一题多变等。

3. 系统讲解同章知识。对同一章节、同一单元的知识教师应进行系统的讲解，围绕该章节的主干知识，剖析知识的内在联系，推广解题通法，发挥测试问题本身的横纵联系的功能，提高学生的应变能力。

4. 辨析讲解同类知识。教师可以思想和方法为主线，将试卷中形异质同的题目编成题组，强化多题同解，引导学生学会收敛思维，增强总结意识。

（四）试卷讲评课要及时、有针对性

由艾宾浩斯的遗忘曲线图可知，遗忘的速度在记忆的初始阶段是非常快的。如果未抓紧巩固复习，一天内就只剩 25% 的原始知识。如果教师不及时进行试卷讲评，学生们就会忘记大部分考试内容和当时的解题思路。而且学生在考试过后都有想知道正确答案和错因的迫切心理，只有当学生第一时间了解测试结果，他们才能以更积极的状态参与讲评并听取教师的分析。所以，教师最好在考试当天完成试卷的批阅、扫描，借助数据统计和错因分析，第一时间进行讲评。

试卷讲评要有针对性。这要求教师在批卷过程中及时收集相关数据，对其进行统计和分析，发现有针对性的典型问题。测试后，通过试卷统计分析了解知识点的分布情况，评估测试卷的难易度和重点，并确定评估的关键点。讲评的重点应放在共性错误和高频错题上，对于个别学生的错误可以采取课后个性化辅导的方式，这样就为重点题目的讲评赢得了时间，效果自然也就更为突出。

（五）试卷讲评课要发挥学生的主体作用

学生对试卷的答题情况最熟悉，他们有自己的想法，教师不应替代学生在试卷讲评中的主体地位。教师可以在考试后把考试中涉及的知识点以表格形式印发给学生，让学生自己梳理错误，分析错误原因和改进措施。那些因为马虎、审题不清、遗漏知识点等引起的错误学生可以靠自己进行修正，学生在自我诊断过程中可以得到最真实和最具体的反馈信息。自我诊断具有自我约束和自我咨询功能。对于学生来说，自我诊断是改进学习方法、提高学习效率及学习能力的重要过程，教师需要引导学生探究错因，帮助学生树立纠错追因的意识。

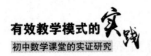

学生自我诊断、自我纠错完成后,对于那些自己无法解决、需要求助他人的问题,可以采取小组互讲或学生代表到讲台前讲解的方式解决。学生讲解思路时,教师不要轻易打断学生,待学生结束叙述后对学生的表现、结果、存在的问题予以点评,这不仅是对学生的尊重,也是激发学生的学习热情,促进学生表达和分析能力提升的好时机。教师还可以在讲评前向学生展示常见错误或典型错误,使学生能够重新思考,再现或重新构建解决问题的思路和方法,并鼓励其他学生指出存在的错误或思维空白。教师要重点引导学生避免再次出现错误,并从题目中获取有价值的信息等。在学生急于解决困难时,教师可以提供解决问题的技巧、方法和建议,起到画龙点睛的作用。让学生自己去观察、思考、理解、消化和吸收,有助于学生提高核心素养。

(六)找准典型错误,举一反三、拓展延伸

教师可将试题分为知识性题目、技巧性题目和思维性题目三大类,再根据智学网系统提供的考后"试卷分析",就可以客观地了解学生试卷中的典型错误,引导学生进行分析,找出错误的原因及思维的薄弱环节,研究正确的解题思路,实现纠正一个、预防一类。为了实现上述目标,教师可在智学网系统中点击"资源拓展",系统会智能推荐三道相似的题目,供教师课上使用。如果推荐的资源不能完全满足教师的需求,则可以点击"添加资源",从而选择性添加更多的相似题目。对于非共性或非典型错误,教师可进行个别指导,不面向全体讲评,避免面面俱到与题题评讲的低效教学的现象。

教师不仅对典型错误进行讲解,还可以通过改变情境、改变问题条件和结论等来加深学生对这类问题的理解。此外,教师还可以通过智学网系统的"错题拓展"将重点和难点转化为不同的类型题目,这样学生就可以在课堂上思考和回答问题,形成互动。当然,拓展训练要精练。

(七)赏识学生,使其树立信心

"教学的艺术不在于传授本领,而在于激励、唤醒、鼓舞。"德国教育家第斯多惠曾这样说过。鼓励应贯穿整个评讲的全过程。学生通过努力完成测试后,会有或多或少的期待。表现良好的学生自然会从他们的成功中获得心理上的满足，而表现不佳的学生有可能会在一定程度上受到影响并失去信心。当教师表扬学生时，范围应尽可能大一些。如对成绩较好的学生来说，应该高度赞扬；对于基础一般的学生，教师应该确认和赞扬学生在回答问题方面取得的进步；对于有新想法、新方法的学生来说，教师应该给予特殊的肯定。教师当众表扬，无疑会使学生信心更足，学习潜力得到提升，学生的上进心、自信心和创新能力得到增强。

（八）重视课后巩固落实

1.知识的落实与消化——错题本。通过人工智能和大数据，基于学生在考试、作业、练习中的数据信息，精选学生个性化错题进行整理，可以实现学生针对性复习，避免题海战术。基于学生日常测练数据的采集，智学网系统支持每个学生在考后整理错题，形成每个学生都不一样的错题本（如图5.4），这能够为教师开展个性化辅导提供依据，及时帮助学生查漏补缺。智学网系统会自动收录学生的学业成绩，为教师提供每个学生的学业档案；支持追踪学生学业发展状况，为教师提供每个学生的知识点掌握情况，供教师精准定位学生问题（如图5.5、5.6）。建立错题本可以随时提醒学生曾经出现的错误，这也是促使每个学生自我发现、自我反思、自我教育的最有效的措施。

图5-4　智学网系统的错题本界面

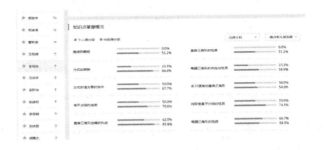

图5-5 智学网系统中展示学生学情的界面

图5-6　智学网系统中展示学生知识点掌握情况的界面

2.落实好知识巩固——针对性训练题（二次达标）。对试卷中存在的共性问题，教师要及时采取措施，如做好二次达标。我们不提倡把所有试题都让学生重做一遍，而是根据得分率或是教师统计的其他数据选取共性问题、易错点、疏忽点等进行再次联系。教师可以迅速精准地借助智学网系统完成这一任务。步骤如下：教师在智学网系统中点击"选题组卷"，进入页面后再点击"学情组卷"（如图 5.7），在错题训练界面或薄弱项训练界面完成二次达标卷的生成（如图 5.8）。

图5-7　智学网系统中学情组卷的界面

图5-8　智学网系统中错题训练的界面

3.落实个性化学习——因材施练。世上没有两片完全相同的树叶。学生就像树叶一样,彼此之间存在差异,练习、考试中学生的差错既有共性又有个性。试卷讲评中教师要关注学生的差异,智学网系统为学生个性化学习提供了技术支持。通过智学网系统的数据分析和诊断,教师能够精准定位学生的知识薄弱点,为学生精准推荐优质学习资源,打造针对每位学生的个性化学习材料。信息技术的应用,实现了在不改变教学习惯的前提下,满足教、学、考、评、管多项需求,促进教学方式、学习方式和管理方式的转变,帮助学生科学规划自主学习路径,查缺补漏,开展个性化学习。

个性化学习手册在学生个性化学习中发挥着重要作用。个性化学习手册有效跟踪与管理学生的个性化学习过程和学习结果,把师生互动落到了实处。通过月考、周考、单元测验等方式,收集教学过程中产生的数据,深度挖掘数据价值,利用成绩分析、锚题、个性化作业等方式反馈给一线教师和学生,实现线上线下交互式教学。

(九)解决在评估试卷中存在的问题

测试不仅对学生的学习效果进行了测试,而且在一定程度上也反映出教学问题。试卷讲评除了帮助学生纠正学习中的错误外,还帮助教师发现自己的教学缺陷和需要改进的地方。高质量的试卷讲评有助于拉近教师和学生之间的距离,从而实现平等、民主、和谐的新型师生关系的形成。

三、试卷讲评课的教学模式之一（适用于理科阶段测验卷）

该模式为"考试情况反馈—典型错例分析—疑难问题剖析—展示最优解法—巩固拓展延伸"。

（一）考试情况反馈

教师利用采集的数据进行试卷总体评价、考试成绩和试卷答题情况的总体分析。教师在上课前要对各题解题结果进行数据化统计，汇总学生出现的典型错误，分清共性问题和个性问题。

（二）典型错例分析

教师要对整个试卷进行整体分析，按知识点将试题分类并进行分类讲评。在分析过程中，我们可以通过智学网系统向学生展示错误的解决方案，让学生展示自己的思维过程，引导学生独立修正错误，并探索正确的解决方法。教师应该重视引导学生形成解决常见错误的能力和意识。

（三）疑难问题剖析

对于试卷中难度较大的题和综合题，教师可以借助现代信息技术揭开问题的"真面目"，透彻分析，让学生能发现其中的变化过程，寻找规律，逐步提高学生分析问题和解决问题的能力及创新能力。

（四）展示最优解法

教师应重视一题多解，在网评阅卷时注意收集优秀解法，展示学生的优秀解题案例，揭示解题规律，发散学生的数学思维，并规范学生的答题格式与书面表达形式。

（五）巩固拓展延伸

根据学生试卷中的错误，教师可以依托智学网系统的"精准教学系统"补充一些跟进性的拓展训练。教师可以适时设计一些变式训练题和拓展延伸题，切忌大量重复性训练和"题海"之战。

四、教学片段——"分式专题测试试卷讲评课"教学设计

（一）教学内容分析

试卷评价是课堂学习的重要组成部分。考试后，分析学生的知识和能力的长处与不足，使学生能够看到自己学习的进步并发现存在的不足。试卷讲评课需要教师转变教育观念，把学习的主动权还给学生，让他们积极地参与到教学活动中来，实现自主发展。

本次试卷讲评课中涉及的考试是学生升入初二年级以来的第一次测验，考试主要内容为分式，测验的目的是巩固"双基"，增加学生学习数学的信心。试卷以基础题为主，但测验结果并不是很令人满意，教师想通过试卷讲评找到学生的问题和教学中的疏漏，及时加以补救，调整教学策略。

（二）教学过程

1.考试情况反馈。（1）成绩反馈。教师首先简要公布班级平均分、优秀率、及格率以及进步较大的学生，并给其充分肯定。然后教师利用采集的数据给出同一教师所教两个班级的成绩折线图及相关图表。

设计意图：学生们通过图表很容易看到本班不足，并且能够大致分析出自己的位置以及优势与不足。

图5-9　智学网系统中部分成绩反馈界面

（2）试题反馈。教师通过智学网系统对各个试题的得分率进行排序：第1、2、4、5、6、7等题得分率很高，第10、8、7题需要适当点拨，第3、15题需要重点讲解，计算和解方程需要全班一起纠错。应用题答题情况较好。

设计意图：此处要进行数据统计、错题类型分析，旨在有针对性地高效讲评试卷。

2. 典型错例分析。首先借助智学网试卷讲评系统，将同一题（如第11、13、7题）出错的学生试卷投射在大屏幕上，展现学生的解题思维过程。让学生经历"展示错误、辩论错误、思考错误和修正错误"的过程，从而更深入地理解隐含的数学规律和本质。

设计意图：这样做可以让学生说出或写出自己的解题思路，在课堂上展示自己的真实想法和思路，并通过分析一些错误的事例来培养学生的批判性思维品质，使学生学会质疑，增强思辨能力。

3. 疑难问题剖析。在对试卷进行整体分析后，确定第3、15题需要重点讲解。现以第3题为例进行说明。

第3题：若关于 x 的方程 $\dfrac{a}{x+1}=1$ 的解是负数，则 a 的值是（　　　）

此题考查分式方程的解法及分式的定义，学生在解题过程中很容易按照解方程的方法得到 $x=a-1$，根据解为负数得 $a<1$。此题解到这一步，有60%的学生忽略了分式 $\dfrac{a}{x+1}$ 还要有意义，即 $x=a-1\neq-1$，所以答案为 $a<1$，且 $a\neq0$。

跟进练习：当 a 为（　　　）时，分式方程 $\dfrac{a}{x-5}=2$ 的根为正数。

分析错题后，教师要趁热打铁，根据学生的错误类型为其"量身打造"变式练习，根据相似的试题进行练习反馈，检验学生掌握知识的情况，达到触类旁通、举一反三的目的。

设计意图：通过此环节，学生在纠错的基础上解题能力和对疑难或易错问题的理解和纠错能力得以巩固和提高，教师通过跟进练习避免了就题论题，充分调动学生学习的积极性。

4.巩固拓展延伸。为了更好地消化知识,教师可以要求学生完成对应的个性化手册,并分析错因。教师可以在智学网系统"学情组卷"里出一套与本套试卷类型和难度相当的针对性训练题,让学生二次达标。教师可以对学生进行个别辅导,弥补课上的不足,做到异步达标且要注意增强学生对学数学的信心。

设计意图:从知识、技能、方法和思想等来看,在现代信息技术的支持下,教师精心准备了各种练习,能够 使学生从各个角度加深对问题的理解和掌握,并为学生提供更多的实践、总结和思考的机会。

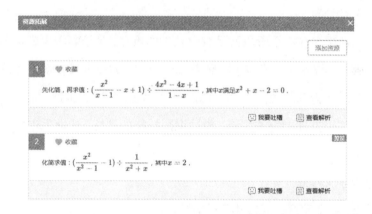

图5-10 智学网系统中巩固拓展延伸界面

(三)教学反思

整个教学过程有以下值得思考的地方:一是如何引导学生充分表达自己的观点,让学生在互动中有真切的感悟,并能将感悟内化为能力和数学思维。二是纠错环节中,选择的错误要有一定的典型性和分析价值,教师一定要对学生的错误进行认真地分析,了解学生的思维过程,知道学生错在哪里,正确诊断错因,找出症结所在。三是教师对于巩固深化的习题还要精心选择,使学生在练习巩固中主动掌握知识。

五、教学片段——"八年级数学期中试卷讲评课"教学设计

（一）教学目标

知识技能：掌握证明两条线段相等的方法，能识别等腰三角形的基本构图。

过程和方法：在观察、思考、归纳等过程中培养学生的思维能力。

情感态度和价值观：通过感觉数学思维的精准度，培养学生良好的数学学习习惯。

（二）教学诊断

平面几何教学在小学阶段就是数学教学的重点，是培养学生逻辑思维能力的重要内容。当学生升入初中后，随着几何学习难度的提高，学生在论证式几何阶段的推理能力和识图能力都需要加强。因此，在试卷讲评过程中，教师应注重对学生逻辑推理能力的培养，通过识图技能的训练，让学生识别复杂图形中蕴含的基本图形。

（三）教学重难点

教学重点：证明两条线段相等的方法。

教学难点：准确识别等腰三角形的基本构图。

（四）教学过程

1. 学情通报、肯定激励。教师通过课件展示"书写工整，字迹清楚""推理严谨，水到渠成"的学生试卷和成绩优异、进步突出的学生名单。教师提出问题：受表扬的同学有没有什么得高分的秘诀？学生观看课件并回答教师提出的问题。

设计意图：教师通过表扬优秀生、进步生，为学困生树立学习榜样，激发他们的斗志。

2. 数据展示、整体分析。教师通过课件展示平均分、优秀率、及格率和考试分数在平均分之上的人数；展示各小题得分情况，归纳学生失分原因。

设计意图：教师通过分析考试数据，让学生了解自己在考试中的得与失，通过错误归因,帮助学生发现自己的知识漏洞,查漏补缺。

3.错题分析、展示优解。教师分析错误率较高的第11、12题。教师提问:角平分线的性质可以用来做什么?证明线段相等的方法还有哪些?分别用在了哪些题中?教师展示第22、23题的优秀解法。

教师提问:为什么要这样添加辅助线?两者有没有共同之处?然后,教师分析第25题的构图方法。教师提问:在此题中出现了几个利用全等构造的等腰三角形?学生小组讨论后上台展示,回答问题。

设计意图:通过集体修正错误,学生逐步学会证明两个角相等、两条线段相等的方法,理解和应用角平分线和平行线的性质构造等腰三角形的方法。

4.反馈练习、巩固拓展。教师依托智学网系统打印与此测试相关的个性化学习手册。教师通过学习分析技术,对学生进行动态分类,将个性化学习资源推送给每个学生,使每个学生都能明晰学习的路径、漏掉的问题以及需要改进的地方。这样每个学生的学习热情都可以最大限度地被激发,并能挖掘潜力、超越自己最近发展区,达到下一个发展阶段。

设计意图:学生实现个性化学习,巩固薄弱知识点,提高识图能力和推理能力。

5.归纳总结、提升能力。总结归纳思想与方法,提升思维的深度与广度。

六、试卷讲评课的教学模式之二(适用于文科阶段测验卷)

该模式为"总体分析、分类点评—小组合作纠正错误—共性错题教师讲解—总结提升拓展练习"。

(一)总体分析、分类点评

教师借助智学网强大的数据反馈能力总体评价试卷情况,分析考试成绩和试卷答题状况。教师对平均分、优秀率、及格率等指标进行展示点评,对进步生给予表扬。

（二）小组合作、纠正错误

测试后，对于得分率不太低的题，教师可指导学生通过小组讨论达到解决问题的目的。首先先由学生个人纠错，然后小组长带领整个小组围绕错题集进行讨论分析。当遇到小组内无法解决的题目时，小组长做记录，寻求全班同学的帮助。这样通过学生自主纠错可以探求正确的解题方法，从典型错误中培养解决问题的能力与思路。

（三）高频错题、教师讲解

测试后，数据系统将准确显示每个问题的得分率。教师应该在讲解中关注这些基于数据的反馈，重点分析解决普遍的错误和严重的错误，并收集、细化和强调这些关键点、易出错的点和易混点。

（四）总结提升、拓展练习

测试后，教师可利用智学网系统分析数据，了解学生的认知结构，并精心挑选问题，在资源库中重新组建与高频错题题型相似的练习题。教师可以利用数据系统导出高频错题，针对高频错题进行变式拓展，使学生在原有知识的基础上对于现阶段的问题进行思考，实现变式拓展在课堂上的高效使用。

七、试卷讲评课的教学模式之三（适用于单元综合卷）

该模式为"自我评价、反思提高—展示数据、明确方向—小组协作、纠正错误—总结归纳、提炼升华"。

（一）自我评价、反思提高

学生拿到试卷后，首先自己浏览试卷，对题目类型及相关考点进行整理，统计得分情况。学生分析得失，初步明晰部分错因，教师要善于引导学生自己总结错误，反思提升。

（二）展示数据、明确方向

教师登陆智学网系统截取一些数据展示给学生，如班级平均分、最高分、最低分、班级位次、试卷难度与信度、各分数段人数、进步幅度较大的学生等，让学生借助这些数据多角度审视此次考试，并能准确定位自己，明确今后努力的方向。

（三）小组协作、纠正错误

对于会而错的题目，学生课前可开展自查自纠；对于不会而错的题目，学生可通过小组交流互助，修改错题，然后小组展示解决问题的不同方法，全班一起分享解决问题的各种技巧。对于讨论展示后还不能解决的问题，学生可以做上标记。教师可把学生解决不了的问题作为教学内容，将解决问题的主动权交回给学生。教师可以引导学生进行比较和思考，让他们找出错误的原因，寻找解决这些问题的方法，体验知识内部的联系和知识的差异，避免出现同样的错误。

（四）总结归纳、提炼升华

在教师的辅助下，学生应突破同类题与难题，总结解题方法和技巧；对易错问题进行拓展训练，当堂过关；总结解题的一般思路。

八、教学片段——"反比例函数单元测试讲评课"教学设计

（一）教学目标

第一，教师指导学生独立修订试卷，通过填写试卷评估表来进行自我评估、分析错误原因。学生应以个人发展为参照，关注自己努力和进步的方向。

第二，教师利用智学网系统分析多项数据，培养学生看数据、用数据的能力，使其学会用数据说话。

第三，学生通过小组协作和其他活动，尝试用不同方法解决问题，从多个层次和多个角度探索、分析、总结相同的知识点，升华自我的知识系统。

第四，渗透科学方法，培养学生的思维能力。教师引导学生在常规思维和解决方案的基础上，寻求一个问题的多个解决方案，一个问题的多个变化，提高学生的分析能力和灵活应用的能力。

第五，让学生体验探索与成功的喜悦，感受评估试卷的新方法。

（二）教学重点

教师对得分率较低的第 1、9、20、22 题进行分析讲解，注重启发、探究，引导学生掌握规律。

（三）教学方法

探索发现法、小组讨论法。

（四）教学过程

1. 自我评价、反思提高。教师引导学生分析测试卷中错题类型、测试的知识点，统计自己试卷存在的问题和失分情况，并评估自己的学习状况。学生填写反思表格，整理反比例函数知识，并进行错因分析。

自我评价

◈ 试卷反思表格一：丢分统计表

	会而错的题	不会而错的题
题号		
共丢分		

图5-11　试卷反思表格（一）

自我评价

◈ 试卷反思表格二：错因分析表

原　因	结　果（填题号）
知识漏洞	
审题不准	
没有掌握解题的方法和技巧	
运算出错	

图5-12　试卷反思表格（二）

2.展示数据、明确方向。教师展示全班本次测试的各项统计数据以及对学生的可行性建议,确定学生前进的方向。学生观察分数统计图,进行数据分析,利用数据为修正学习策略。教师引导学生观察数据、分析数据、多方位观察数据,分析班级整体情况,明确努力目标,确定前进方向。

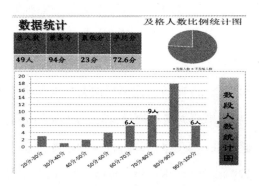

图5-13　展示测试的相关数据统计

3.小组协作、纠正错误。对于会而错的题目,学生在课前进行自查自纠;对于不会而错的题目,采取小组合作的方式进行解决。学生通过小组活动、小组讨论,合作解决错误,分享不同的解决方案,总结解决问题的技巧,对仍然不会的问题做好标记。教师要深入参与活动,指导并倾听学生的声音。培养学生小组合作学习的习惯,能够降低学习的难度,使学生养成互帮互助的学风,彼此取长补短。

4.总结归纳、提炼升华。在教师的辅助下,学生应突破同类题与难题,总结解题方法和技巧;对易错问题进行拓展训练,当堂过关;总结解题的一般思路。

数学的探究活动是在冲突和交流的过程中进行的,学生应该认识到合作和交流的必要性。学生通过合作探究填补疏漏、总结经验、提高解决问题的能力、培养创新意识。

(五)回顾与小结

首先,建构数学模型,总结思想方法。数学是一种模型科学,数学教学同样是模型建构的教学。在教学中,教师要有意识地引导学生构建有意义的数学模

型,渗透数学模型的思想。通过聚类抽象,原型启发和符号概括,引导学生建构数学模型,促进学生把握数学模型的本质。

其次,掌握学好数学的方法。教育家赞可夫曾说过:"要以知识本身吸引学生学习,使学生感到认识新事物的乐趣,体验克服学习中的困难的喜悦。"学好数学的关键在于找到一种既符合数学的特点,又适合学生自身的学习方法。学习数学的过程的本质是解决认识主体与认识客体之间的矛盾的过程。

(六)教学反思

根据学生的认知规律,教师可以先根据试卷找出学生犯错误的原因,开出常见问题的"处方",提出解决方案。然后,激发学生的好奇心和对知识的渴望。本设计强调试卷讲评原则的重要性,注重创新和变革,体现独立学习与合作交流的新理念。在"尝试、交流和讨论"的过程中,我们应该引导学生构建模型、辨析模型、运用模型,培养学生的数学建模意识,充分发挥学生的主体性。学生应既能对试卷进行诊断和评析,又能从中收获一些经验和方法。学生学习成绩评价表的使用,有利于调动学生的积极性,使其自我反思。

教学是一门综合艺术,试卷讲评是教学的重要环节,同样需要方法和技巧。在试卷讲评中,教师应改变"一拖再拖,逐题讲解,就题论题,一讲到底"的做法,不断加强对试题讲评课的研究,充分发挥试卷讲评教学的激励、诊断、强化、示范功能。信息技术虽然为新型的试卷模式提供了强有力的技术支持,但是,现代信息技术永远不能代替人脑缜密的思考和努力的学习,更不能代替师生间情感的表达与沟通,它只能作为一种重要的工具为教学服务。因此,教师要做有心人,要合理、科学地利用学情分析系统和网络化课堂平台,让学生在知识、能力、方法、情感等方面得到最大限度的训练和提高,同时发现自身在教学方面的问题和不足,进行自我总结、自我反思,改进教学方法,使自己的教学更有效。

第六章

有效课堂教学的校本研修

　　学校是教师专业成长的摇篮。根据教师的教学实践，开展校本研修活动是全面促进教师专业化发展的有效途径。伴随着新一轮的课程改革，以校为本的"校本研修"概念的提出与"发展性评价"带来的评价方式的改变，展现了全新的教育理念。教师在新时期应该怎样辩证处理继承和创新的关系？如何把新课标的理念落实在教育教学行为中？这是每一位教育工作者应该深入思考的问题。

正确理解校本研修

　　校本研修是为了改进和提高学校的教育教学质量，从学校的实际出发，依托学校自身的资源优势和特色进行的教育教学研究。校本研修基于校级教研活动开展研究，其基本特征是以校为本，强调围绕学校自身遇到的问题开展研究。学校是研修的基地，教师是研修的主体，促进师生共同发展是校本研修的直接目的。简言之，校本研修是一种基于学校、为了学校、在学校中进行的研究活动，其核心是学校教研、科研、培训一体化。

一、校本研修的主体是教师

　　优先发展教育、办好人民满意的教育是教育改革与发展的中心任务，这要求教师进一步提高其师德水平和业务能力。教师是决定教育品质的关键，一流的教育需要一流的教师。办人民满意的教育，就要以优质的教学资源为社会、为人民提供最优质的服务。学校的发展需要教育质量的提升，而教师的发展是学校持续发展的内在动力。促进教师的专业发展需要持之以恒、扎实有效地开展校本研修。校本研修是提高教师素质、改变学校面貌的重要途径，是学校实现内涵发展的必然要求。"普通初中校本研修有效实施策略研究"旨在通过研究探索建立一套行之有效的、符合地域内学校发展实际的校本研修模式；提高教师素养，打造一支具有研究能力和反思精神的专业化教师队伍；推进学校教学文化的发展，培养教师积极探索、乐于上进的精神；推进课程改革，实施素质

教育。

教师是校本研修的主体，这是新课程的基本理念之一。教师在教学实践中发现问题，并以此作为自己的研究课题，在教学过程中以研究者的身份置身于教学情境之中，以研究者的眼光审视教学实践中的各种问题，对出现的各种问题进行探究，对积累的经验进行总结，形成规律性的认识。

学校管理者应唤醒教师自主发展的内驱力，使教师获得生命的升华。校本研修是学校教师专业成长的土壤，是实现教师专业化成长的基本途径，学校发展必须走以校为本的探索、研修之路，学校管理者应以校本研修来引领教师队伍的专业发展。校本研修诞生于 20 世纪 60、70 年代。随着我国教育管理体制和课程改革的深入开展，学校办学自主权的日益扩大，学校对自身的办学方向、课程设置、教学研究、教师招聘等有了更多的自主权，校本研修意识在逐渐增强。此外，新课程提倡多样性和开放性，关注个体性和差异性，为贯彻落实新课程教育理念，学校必须基于现实，寻找自身的办学出路和办学特色，探索校本研修之路。

学校只有立足本校校情，以解决学校实际存在的问题为原则，开发利用本校资源，打造具有活力的研究型专业教师队伍，才能实现可持续发展。学校只有建立校本环境下的教师成长模式，教师才可以在研究学生时同时研究自己，在解决学生的困惑时超越自我，在指导学生成长时实现终身学习。学校应以新课程理念指导具体的教育教学，立足教学实际开展校本教科研，将教科研的主阵地放在备课组，将日常教学育人问题转化为课题；教师应带着问题学习，用新理论指导育人，在具体的教育教学实践过程中思考，将日常问题转变为课题研究，使专业发展与自己的常态工作相适应。

二、校本研修的内容是教学

校本研修不同于学术性的专业研究，而是基于学校，为了学校而进行的实践性教学研究。校本研修是以研究的意识来强化教学，但又不仅限于备课或集体备课。当教师期望借鉴他人的经验、智慧来解决某个教学难题时，还可以与专家对话、阅读相关的教学论著。一个有责任感的教师总是想方设法地提高教学的有效性，这意味着教师既反思自己的经验，又琢磨他人的经验，当教师将自己的经验与他人的经验进行比较研究时，自己的教学便有了着落、有了灵感。

学校教育的本质就是实施课程的活动，其主要由教学活动、教研活动、教育科研、教师发展、学生成长、学校发展等构成，这些内容之间有严密的逻辑关系。为了学生发展实施课程，就有了教学活动；在教学活动中有需要解决的问题，就产生了解决问题的行为——教研活动；用教育理论、教学原理来指导教研活动，又形成了教育科研活动；将教研活动、教育科研的成果即解决问题的策略和方法运用到教学活动中去……这是一个发现问题、解决问题再指导教学活动的过程，在这个过程中，课程得到良好实施，学生不断获得成长，教师专业有效提升，教育内涵逐步深化，而围绕这个过程所开展的一切活动就构成了校本研修的全部内容。

校本研修的内容，应当根据学校自身发展目标和教师专业发展需求，结合学校(或区域)特点，科学构建、合理设计。校本研修的内容一般包括以下方面：

一是学科知识与教学技能。这包括学科教学研究的最新动态与成果、课程标准和教材的研究、三维教学目标的设计与实现、课程实施与课程评价、校本课程的研究与开发、课堂教学的基本组织形式与组织策略、课堂教学设计与案例研究、研究性学习及综合实践活动的理论与实践等。二是教师成长与专业发展。这包括教育法规与政策、教师职业道德、教师职业理想与专业发展规划、教师心理调适与情绪调控、现代教育理论、教育教学评价、现代教育技术与应用、教育科研方法、教学艺术与教学风格等。三是教学管理与学校发展。这包括学校办学思想与办学特色，学校文化建设与校风、教风、学风建设，学校发展与教师队伍建设规划，校本研修规划与方案等。四是班级管理与学生成长。这包括学生成长与身心发展、班主任工作与班集体建设、班级活动的组织与班务管理、良好师生关系的形成、学生思想工作及心理辅、团队活动组织与管理等。

三、校本研修的目的是发展

校本研修，是新课程背景下"以人为本"的教育理念催生出来的，其是校本教研和校本培训的有机整合。校本研修旨在通过专家引领、同伴互助以及教师自我反思，让教师在形式多样的教育教学研究和培训中得到发展。校本研修的基本模式是"专家引领＋同伴互助＋自我反思"。

这一模式是一个全方位的立体互动的过程。对教师个体来说，校本研修是一个在专家指导下、同事帮助下、通过反思自己的教育教学活动来促进自己发展的过程；对于教师团队来说，校本研修是一个在专家指导下、在同伴帮助下提高自己、自己在帮助同伴的过程中自我提高、提高后再去帮助同伴的螺旋式上升的合作学习过程和互动发展过程；对于专家（骨干教师）来说，在引领和指导教师的同时也能够向教师个体和群体学习，这是一个教学相长的过程。可以说，校本研修就是一个集体智慧不断产生、不断裂变的"场"，其效应就是教师个体和群体得到更好、更快的发展。

学校发展的动力来自学校对其现状和发展目标的理性认识，来自学校和教师对教育理想和教育科学规律的追求与研究。校本研修作为一种以学校为主阵地，将教师教育活动与教育教学实际结合起来的研修模式，能够有效整合本校的研修资源，充分调动教师专业化发展的内驱力，实现"为了学校发展"的目的。校本研修是提高教师专业水平的必经之路，是教师提高自我价值的必经之路，是学校发展的必经之路。只有加强对校本研修的管理，从本校实际校情出发，开展一系列富有特色的校本研修活动，才能促进教师有效发展，才能提升学校的办学能力。

当然，对于农村中学教师而言，学校与教师对校本研修仍有茫然感。首先，教育经费制约着农村教师在职培训的运行。尽管国家和地方政府对教师培训投入了大量专项资金，但受地区差异和教师数量影响，培训还不能完全满足教师培训的需求。其次，专任教师的学历合格率有待进一步提高。农村中学的工作条件和生活条件不够优越,难以吸引优秀毕业生,部分一些学历较高、教学成绩优异的教师流向城区,使得农村中学的师资力量更加匮乏。

课程改革作为全力推进素质教育的重要举措,关系到培养什么样人的大问题,每个教师都应该清楚地认识到只有立足校本研修,不断学习,才能尽快地转变观念,适应时代的要求。从有效性课堂教学活动中发现值得研究的课例,以课例为主要研究方式,让教师确定有研究价值的专题,进行有效教学的观察,一课多讲,以课例展示理念,让理念回归课堂。引导、帮助教师研究课堂教学,内化新课改理念,真正做到理念先行,理论与实践相结合,才能推进课程改革向前发展。

校本研修的对比思考

　　师资队伍建设是制约学校发展的关键要素。因此，学校发展的核心在师资队伍的建设，在教师专业素养的提高，教师专业素养的高低决定了学校发展的成败。校本研修就是要学校回归对教师队伍建设的基础功能，这对增强教师自身的专业修养，提升教师的专业地位以及教学质量具有重要的现实意义。通过对比不同学校间的校本研修，可以使本校校本研修设计得更加合理。

一、"培训梯队 + 培训平台"，组建研学共同体

　　江苏省南京市浦口外国语学校投身教学改革，构建"幸福课堂"，开展赛课活动，抓好青年教师、骨干教师、名师三个培训梯队，打造三个培训平台。学校以构建研学共同体为着力点，成立蒲公英教师发展学院，组建五个研学共同体：一是合格教师研修共同体，其以主题团队活动为载体；二是种子教师研修共同体，其以课例研修为载体；三是骨干教师研修共同体，其以课堂观察为载体；四是首席教师研学共同体，其以课题俱乐部为载体；五是教研组研修共同体，其以任务教研为载体。

　　学校实施教师五级认定，促进教师体验专业成长的幸福。学校课程包括学科课程、活动课程和体验课程三大类，最大限度地创造适合每一位学生的教育。

二、聚力三课专业培训，三级课题同研局面初步形成

　　南京师范大学附属中学树人学校以新教师汇报课、组内观摩课、"树人杯"

骨干教师赛课、"明日之星杯"青年教师赛课、模拟课堂等多种活动,引导教师在自主学习、优化潜能、补偿校正、深度学习等方面进行积极探索和实践。

为让更多教师在更高的平台上历练,学校积极承办各类活动赛事,积极邀请专家担任赛课评委或前来指导,让教师与同仁们切磋比拼。学校借力智慧校园的创建,开展"作业家"移动教学尝试、指导教师开展网络教研和微课制作,以网络平台或应用程序,助力校正作业、反馈学生学习情况。学校积极引导开展专业培训,让教师聚力"三课"(课堂、课程、课题),"三课"之间相互渗透、相互促进,目前学校已经初步形成省级、市级、区级三级课题同研的格局。

三、主题式校本教研,项目式专业发展

江苏省南京市金陵汇文中学注重所有教师的专业发展。学校提倡"两条腿走路":一是走好教学路,二是走好教师专业的再次成长之路。金陵汇文中学的抓手是:主题式校本教研与项目式专业发展(每学期形成一个主题)。这种主题教研活动推进教师形成反思意识,进而投入实践。教师针对问题确定研究的步骤、目的,进而改善优化,这是行动研究的雏形,其目的是使教师建立新的教学形态、形成良好的教学习惯。

学校以教研组为单位开展活动。近几年来,学校的主题教研活动内容有:同课异构主题教研活动、课堂观察主题教研活动、研究教师发展个案主题教研活动、"深度课堂·魅力教师"主题教研活动、"深度课堂·学习案例研究"主题教研活动、"深度课堂·30+10教学设计研究"主题教研活动、基于标准的有效教学研究之课堂目标界定主题教研活动、基于标准的有效教学研究之学历案实践主题教研活动、基于标准的有效教学研究之学习力研究主题教研活动、基于标准的有效教学研究之表现性评价研究主题教研活动等。

【案例】课堂观察

具体步骤:第一学期分教研组在第4、6、8、14周实施具体研究(专家指导、放样、各组实践、总结交流),聚焦课堂,向课堂教学的每一个微观因素要质量,

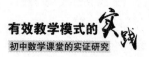

深入研究并上升为市级课堂观察。

尝试新的课堂观察实践：课堂观察之基于网络平台的学生表现性评价。教师利用网络平台中可预设、可调节的各类专门化观察量表，利用移动终端在听课过程中采集"教"与"学"的表现性数据信息，通过后台计算与图形化处理后，为评估结论提供客观的量化证据，实现科学的课堂诊断，以达到矫正偏差性教学行为的目的。课堂评估基于移动互联网能够克服传统听评课受到时空限制的问题。

【案例】深度思维课堂·学习案例指导校本主题教研

教师利用寒假时间深入开展读书和中考试卷研究活动，开展例题教学研究。开学后，教师分教研组在第4、6、8、14、16周开展具体研究（第4周专家指导，第6周各组制定详细的主题教研计划，第8周数学组放样，第14、16周分文理两大组进行全校交流）。

【案例】以基于标准的有效教学为主题的校本教研

教师从目标分解开始，借助学历案和课程纲要的制定和使用，扎实推进学校的校本教研工作。如聚焦"30+10教学模式"的实践与研究，聚焦有效教学的实践与研究，聚焦目标、内容、实施、评价的一致性研究，聚焦课程标准的目标分解（课堂学习目标），聚焦基于标准的"学历案"教学深度研讨，聚焦核心素养的表现性评价研讨等。

【案例】以项目式专业发展活动和专题研究助推学校教师发展

项目一：青年教师基本功大赛。通过大赛，提升青年教师的教学能力和业务水平，进一步激发青年教师更新教育理念和掌握现代教学方法的积极性。

项目二：骨干教师基本功比赛。通过比赛，唤醒中年教师专业发展自觉。比赛包括模拟上课比赛、案例与叙事分析比赛、命题竞赛、主题演讲、微型报告。

项目三：教师沙龙。学校定期组织轻松愉快的学术沙龙活动，让教师针对教育观念、教学行为、教学手段等各抒己见、畅所欲言。

项目四：专题和课题研究。

基于以上扎实而有效的校本研修,建校仅十余年的汇文中学教学水平、教学成绩在当地位居前列。该校中考成绩列南京市鼓楼区公办学校第一。

四、以"三雅文化"夯实校本研修的根基

天津市津南区咸水沽第三小学通过研修学习、深度培训,着力构建教师专业发展的有效机制,精心打造师德高尚、业务精湛、充满活力的教师队伍,让教师与学生共同成长。

(一)利用网络空间融合创新教研模式

在国家、市区级课题的引领下,学校利用网络空间平台,融合创新教研模式。学校聚焦教师专业发展,定期开展网络教研。网络教研可以分为三个层面:校级(学校面向全体教师和语文、数学、英语等学科大组发起活动)、备课组长发起活动、教师个人发起研讨活动(即学校—组级—个人)。方式一:网上课例研讨。方式二:网上主题研讨。方式三:利用手机应用程序在"乐教乐学"平台开展即时教研。

(二)积极探索信息技术与课程深度融合的途径与方法

在交互式电子白板环境下,聚焦高效课堂的构建,开展交互式电子白板技术与学科教学有效融合的系列校本研修活动。

1. 培训学习,初步掌握技术。

2. 开展美丽课堂教学大赛、45 岁以下青年教师信息技术与课程整合教学大赛等评选优课。

3. 开展电子白板技术与学科教学有效整合优课展示系列活动,聘请校外专家,专家针对每节课中每个环节电子白板技术的有效使用情况逐一进行点评指导。

4. 开展组级教研人人展课活动,旨在提升教师使用电子白板的能力。

5. 开展深度融合。

（三）传承中华美德、提高人文素养，培育文雅学生

"三雅文化"以传承儒家思想为核心的教育，传承中华美德、提高人文素养，培育文雅学生。学校自主开发了一套系统的校本课程：一二年级诵读《弟子规》，三年级学习《笠翁对韵》，四至六年级诵读《论语》。校本课程数字化管理平台还匹配了拓展内容，图文并茂，声像俱佳。每学期期末进行全员展示。

五、"三式六步"，做最诚实的教育

天津市津南区咸水沽第四中学以"十三五"市级重点课题"'三级建模'促进高效课堂构建的创新与实践研究"为抓手，全校教师在课堂教学上，坚持实施"三式六步"教学模式，充分挖掘学科特色，逐步为学生创造自主学习、合作交流、展示提升的机会。学校用最诚恳的态度，做最诚实的教育。

（一）制定教学常规，规范课堂教学

学校根据教育教学实际，修订《教学常规要求》。对备课、上课、作业布置和批改、辅导和测试、检查和总结都提出了明确、具体的要求，并逐一落实，确保教学各个环节的规范化。

（二）落实"三课制度"，建立教学过程督导体系

学校教学研究活动开展的深入、扎实、有效。引领课、人人献课、展示课活动已常态化，听课后进行学科组内说课、评课，指引教师进行有效反思，推广优秀教法，矫正课堂教学向良性优化发展。

（三）多方位教师培训策略

学校实施"走出去"战略。学校投入资金，分批组织各科骨干教师、优秀班主任奔赴上海、山东、江苏等地进行理论培训学习和教育观摩，再对全校教师进行培训，使大家受益匪浅。

（四）创新教师培训模式

学校进一步加强读书交流活动，将学习贯穿各项工作的始终，并举办教师论坛。学校引进智学网评系统，依托大数据探索精准教学和个性化学习，并尝

试推广精准教学。

（五）重视青年教师培养

学校实施青年教师青蓝工程，通过结对子、实践、写读书笔记、研究课题、汇报课、外出学访等活动形式，为青年教师搭建平台，使青年教师尽快成长。

（六）专题校本研训

学校实行全校、教研组、备课组不同层级的教师研讨培训，定时、定地、定内容，使研究成为教师工作的新常态。

六、校本研修的具体操作形式

观察这几所学校校本研修的情况，我们可以看出各校具体操作形式多种多样，不仅有继承下来的传统有效的教研方式，也有许多新的研修形式。校本研修的具体操作形式主要有以下形式：

（一）以观课研课为主的观察研究

教学质量的提高在于每一节课，教师的专业成长以常态课为土壤。我们在常态课例的校本教研中不断探索，围绕"科学、有效、低负、高质"的教学目标，持续开展校本研究。以观课研课为主的观察研究以课堂观察为主要方法，通过上研讨课、展示课、试验课等，运用观察、评课、反思、探讨校本研修方法，致力于提高课堂教学的实效性。观课研课是最常见的一种研修活动，它不同于传统的听课评课，实现了由重视课堂教学的结果向重视课堂教学过程的转变，是校本研修最普遍、最易操作的研究形式。郭东岐认为，观课研课主要是通过观察研究的方法，探索课堂教学的规律，改善课堂教学的行为，进而提高课堂教学的质量，教师在研究中积累实践智慧，实现专业发展。

（二）以叙事反思为主的叙事研究

叙事研究也称教育叙事，是指教师采用"讲故事"的方式叙述自己的教育故事，其实质是反思自己的教育，即以叙事的方式进行反思。其中，教育日志是叙事研究的重要方式之一。

（三）以学习借鉴为主的案例研究

案例也称个案、例子等。所谓案例研究，是对特定的案例进行分析、讨论、评价、处理、寻求对策的个案研究，一般具有问题性、情境性、典型性、浓缩性等特点，程序一般比较简单，通常采取"案例展示—分析讨论—设计方案—总结反思"等步骤。

（四）以教育博客为主的网络交流

教育博客是一种博客式的个人网站，是教师与学生利用互联网新兴的"零壁垒"的博客，以文字、多媒体等方式，将自己日常的生活感悟、教学心得、教案设计、课堂实录、课件等上传至博客。这种方式超越传统时空局限的课堂范畴、讲课时间等，促进教师和学生个人隐性知识显性化，使各种知识和思想得以共享。功能强大的网络平台，一方面能够为广大教师开展教育教学活动提供丰富的教学资源；另一方面也为教师的信息沟通、教学研讨开辟了广阔的空间。利用现代网络技术进行校本研修成为教师专业成长的一种新形式，并渐渐成为校本研修发展的一种重要趋势。

（五）以教科研课题为主的实践研究

教育教学工作是一项创造性劳动，工作就是研究与学习的过程。教师通过完成研究课题，实现从理论到实践，再上升到理论的过程，最终实现自身的专业发展。朱崇福指出，教育科研应引领校本研修，促进教师自我成长与专业化发展。

学校积极思考、实践，扎实开展丰富多彩的研修班活动，激发了教师的自主性、积极性与创造热情，使教师从被动的参与者变为主动的承担者，切实提高了教师的教育教学和研究水平，有力地促进了教师的专业化发展，推动了学校的可持续发展

校本研修与课题研究的共同点就是面向我们每一所学校、每一个教研组、每一位教育工作者，结合所处的教育情境，审视自身和学校的特点，重视对教育问题的实际研究，追求"在行动中研究、在研究中成长"。

校本研修的困境及解决办法

"校本研修树常青，一枝一叶总关情。"笔者在参观南京师范大学附属中学时，学校行政楼与图书馆之间的草坪里竖着一尊巴金先生的半身铜像，底座上刻着"掏出心来"四个金色大字。南京师范大学附属中学的教师说："这是我们的精神坐标，我们的精神底子就是责任。"但"掏出心来"不仅应是南京师范大学附属中学教师的精神底子，也应是我们每一位教育者所应具备的道德情操、责任担当。毋庸置疑，校本研修是学校均衡发展、提高教师专业水平和自身价值的必由之路。

一、校本研修的困境

其一，教师对校本研修缺乏热情，其根本原因是校本研修与日常教学的矛盾：在教学上难以体现校本研修的成果，教师看不到校本研修对自身专业发展的价值，教师受习惯影响较深。校本研修时效性有待提高。

其二，同伴互助是校本研修中最为普遍的方式，但在实践中我们发现，初期大家在各方面的热情都很高，收益很大，但新鲜感很快就会消失，教师对同伴互助的热情减退，有时言语把握不好容易导致出现人际关系问题。对学校而言，通过校本研修促教师专业发展的形式"食之无味，弃之可惜"。

其三，教学反思是校本研修重要的内容之一。学校要求教师反思的时候，教师会认为确有道理，经过几次认真的教学反思，能体会到教学反思确实可以

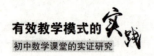

很好地提高自己的教学能力，有利于个人教学水平的提高和专业的发展。但教学反思是一件难以坚持的事情，只有极少数教师能够长期坚持下去。教师普遍认为，应对繁重、琐碎的工作及其各种事务已经很辛苦了，教学反思容易会被"抛到脑后"，或应付了事。更为现实的困难是：教学工作每天都是这样重复着，对于一位成熟的教师而言，在重复的工作中难以找到新的感觉，对自己的课堂很难保持兴奋和敏感，没有新的信息刺激难以有所谓的困惑，这样的反思是低效的。

其四，专家引领变成"纸上谈兵"。教学的情境影响了教学理论在教育教学中发挥作用，这导致教师对专家缺乏信任、容易产生质疑，使专家引领的校本研修难以为继。

二、多措并举，破解校本研修困境

随着校本研修的持续推进，交流次数的增加和学校教学改革的不断发展，学校自身能够相互学习的经验、理论都趋于递减的状态，很多校本研修不知不觉就会流于形式。如何破解这样的困局？不同学校校本研修的情况不同，但影响校本研修成效的主要因素包括：对校本研修的指导、完善校本研修制度、及时引入新的信息、激励教师专业发展、建设教研组等，只有解决这些关键问题，校本研修才能不断充满活力。其中，抓好教研组建设是重中之重。

教研组是学校学术研究、专业研究最基层的组织，是学校开展教育教学改革的支撑点和前沿阵地，是教师开展学习、促进自我发展的摇篮。由于学校中许多研修活动要依靠教研组来完成，所以一所学校教研组建设得好坏，直接影响研修活动的质量高低，并关系到教师成长的速度。因此，学校要下力气抓教研组"五落实"。

（一）抓组织落实

教研组的建设，首先应做好教研组的组织落实，关键是选配教研组长。学校要选派有责任心、业务能力强、能团结大家、包容大家的教师为组长，以德立组。此外，学校要选取富有教学经验的教师为指导小组成员，科学地开展组织性教学。

（二）抓计划落实

教研组每学期初应认真做好各项计划，用计划带动教学。这些计划要做到时间、人员、方案等落实具体，做好月计划、周计划。针对不同主体，还可制定教研组和学生内部的计划。

（三）抓制度落实

教研组除了制定各种活动计划外，还应建立必要的制度，如听评课制度、汇报制度、总结制度、师徒制度等。科学制度的建立能够有效地促进教学计划的完善。

（四）抓活动落实

将计划变为具体行动，才能真正发挥教研组的功能，所以学校领导和教研组长必须抓好教研活动的落实，做到监督和落实一体化，提升教学效果。

（五）抓评价落实

考核评价是促进教研组建设的有效手段，所以学校每学期应抓好教研组的考核评价，如评选校区优秀教研组，用评价奖励机制激励教师团队。

各个学校在开展校本研修活动时，不需要采用所有研修方式，只需结合自己学校实际情况与发展目标，选择其中一种或者几种适合自己的方式就可以。面对校本研修所面临的种种困境，只要继承老一辈教育人"掏出心来"的教育信念和，从区情、校情出发，开展务实而有效的校本研修，就一定能促进教师专业成长，实现学校可持续发展，提升办学品位。

以课堂教学评价开展常态校本教研

评价就是价值判断。课堂教学评价就是对课堂教学过程、教学结果进行价值判断。学校通常会采取不同范围、不同规格的听评课的方式开展常态教学研究，其中的"评课"就是对课堂教学的评价。可见，课堂教学评价是校本研究的重要内容，没有科学合理的课堂教学评价，教学研究的方向就会偏离，教学研究的内容将变得不确定。所以说，课堂教学评价具有教学意义，是教学研究的一种。新理念下的教学评价强调评价的激励作用，关注评价对教学的促进功能，关注对教学过程的评价，认为评价过程就是教学研究的过程，评价是为了教学。

一、会听课是课堂教学评价的基础

课堂教学评价是根据课堂教学的价值标准，对课堂的信息进行判断和评估。一节课产生的信息很多，哪些信息是重要的，哪些信息是有价值、有意义的，这是比较专业的问题，很多学校、教师没有接受过这方面的培训，听课教师观察课堂缺乏一致性的视角，就会导致课堂评价的方向和内容无序。

（一）听课应持有的态度和动机

态度决定行为，听课教师在听课中持有积极的态度和动机会影响听课教师的视角和行为，对后续评课带来深远的影响。听课教师应以研究者、观察者的身份参与听课。不论是被邀请来的指导教师，还是行政级别较高的领导，走进听课的教室都应当以研究者、学习者、欣赏者的态度听课，这样才能客观、冷静地观察课堂。

（二）听课前应做的准备工作

听课前的准备工作对听课的质量影响很大。听课前准备充足，进入课堂后能立即进入听课的角色，迅捷而灵敏地捕捉课堂信息。听课之前，教师应做好如下准备工作：

1. 选择座位。听课位置对收集课堂信息有较大的影响。对于听课教师而言，既能观察到全体学生的反应、表情，又能观察到教师的动作的位置是最佳位置，这个位置就位于班级最前面的黑板两侧。但这个位置比较狭窄，无法容纳较多的人听课。当听课人数较多时，听课教师多集中坐在教室的后面，但这个位置无法观察到学生的表情和反应。

2. 了解教材。如果听课教师对教学的内容比较了解，听课教师和授课教师在课堂上的思维发展就会有共情、有互动，这样对观察课堂、收集信息比较有利。

3. 了解班级和学生的具体情况。评价不能脱离学生所处的环境和客观条件。因此，在听课之前，听课者应了解班级所在的年级、整体学习水平、学生的学习表现有什么特点等。

4. 处理好听课者与被听课者的关系。虽然都坐在同一间教室听课，但听课者的身份不同，发表的评论影响不同，因此听课的人要处理好与自身与被听课者之间的关系，发挥各自的作用和价值。

5. 明确听课的目的。听课的目的很多，有选拔、评定、研究、观摩等，听课的教师要明确听课的目的。

（三）掌握听课要领

听课是有要领的，掌握听课要领才能紧紧抓住课堂中的关键要素，搜集到有价值、有意义的课堂信息，为后续的评课积累素材。听课的要领有以下方面：

1. 听的要领。授课教师的语言是否精炼，授课教师的语言是否流畅、饱含情感、充满启发，学生回答问题是否自信，学生的回答是否有积极的思考。

2. 看的要领。包括看教师、看学生。一看教师：看教师是否精神饱满、仪态大方自然；看问题情境是否联系实际、新颖有趣；看教学重点难点的定位和如何突破；看教学媒体的运用是否科学合理；看指导学生学习是否得法；看教师对学生的关注面；看教师的板书设计；看教师对课堂的组织管理能力。

二看学生：看学生是否主动参与，包括学生参与的时间、参与的人数、参与的方式，是否是有效学习；看学生是否有合作，合作中是否有分工；看学生是否理解知识，完成目标；看学生是否掌握学法，学会学习；看有没有学困生被教师忽视了；看学生与教师的情感是否交融；看学生自学习惯、读书习惯、书写习惯是否养成；看学生发现问题、分析问题、解决问题的能力如何。

3. 记的要领。记录各教学环节的要点；记录重点、难点知识的解决过程（重点看技巧、方法和效果）；记录教学方法和学习方法（重点看方法的多样性和创新性）；记录教辅及教具的使用情况（重点看现代教学设备的使用技术）；记录板书（重点看板书的艺术性和针对性、条理性）；记录练习的内容（重点看针对性和必要性）；记录各个环节的开始与结束时间（重点看时间利用的合理性和有效性）；记下瞬间思考要点。

听课者听课中，在听、看中同时有了自己的思考，要及时记录下来。另外，在做听课记录时要注意以下几点：听、记要分清主次，听课要以听为主，要把注意力集中在听和思考上；记录要有重点，要详略得当，对内容要选择，文字要精练。

4. 思的要领。听课教师的思考分为两个时段：一是在听课过程中的思考，这种思考是瞬间的，是不充分的思考；二是在结束之后对全部教学内容进行思考判断，这种思考在时间上是比较充分，思考的视角是全局性的。

听课结束后，如果有《课堂评价量表》，教师应对照评价量表，做出价值判断。教师可以从以下几个角度进行切入：这节课在常态教学中是怎样进行的？有什么不同之处？这节课的整体评价是优秀、良好还是一般？需要改进和提高的地方有哪些？这节课突出的点或过人之处有哪些？理由是什么？

二、评课是课堂教学研究的实质性阶段

听课之后，针对这节课，听课教师根据自己的观点和判断标准对别人的课进行评价，并发表自己的理由和观点，这就是校本研究中的评课。

（一）评课的价值意义

1. 评课过程也是学习过程。针对同一节课，教师在评课时各抒己见，发表各自的观点、看法，提供各自的思路，交流的时候相互之间分享智慧、经验。这不但能使授课教师获得干货满满的学习机会，也是所有参与评课教师的学习机会。

2. 评课过程是教师专业发展的促进过程。评课不是对课的成败下结论，而是着眼于未来教师的专业发展。评课的对象不是授课教师本身，也不是教师的这一节课，而是课堂和课堂中出现的现象和事件。对课堂现象和事件进行评价，目的不仅仅是促进教师的课堂反思和改进，而是参与教师对教学的理解教学。在评课过程中，教师提出多种教学思路和方法，探讨多种教学可能性，这无疑丰富了参与教师的教学经验。

3. 评课过程也是课堂教学的对比检查过程。评课针对的是一节课，这一节课是所有教师对比参照的样本。通过评课，展示出这一节课理想的结果是什么样的，这就为全体教师确定出一个范式和样本。所有教师通过与这一理想的样本对比检查，能够明确自己课堂教学改进的方向和内容。

（二）课堂教学评价标准

评价要有标准，课堂教学评价亦是如此。课堂教学评价的标准不能脱离课程标准，但由于各个学校有自己的课堂价值取向，加之学生的具体情况不同，因此每所学校有自己的课堂教学评价标准。

一般而言，各学校制定的课堂教学评价标准都在这四个维度之中。一是学生学习的维度。在这一维度中，主要评价学生学习的主动性、积极性，学生的学习目标达成情况等。二是教师教学的维度。在这一维度中，主要评价教学各个

环节的设计、教学时间的分配、板书、教具的使用等；三是课程标准与教材的维度。在这一维度中，主要评价教师的教学目标的确定、学科资源的选择、教学内容的处理、教学方法的运用等。四是课堂文化的维度。在这一维度中，主要评价教师对待学生的态度、师生之间的对话与交流、课堂秩序、班级环境等。

根据课堂评价维度，可以制定具体的课堂评价标准。以下为课堂教学评价表：

表6-1 新授课教学评价表（试行）

评价项目	评价内容	评价等级			得分
		A	B	C	
教学目标（10分）	1.符合学科课程标准和教材的要求及学生实际。	10—9分	8—6分	5分以下	
	2.体现以学生发展为本的观念，符合学生的心理特征和认知发展水平，关注学生的差异。				
	3.明确、合理、具体、可操作性强。				
教学策略（10分）	1.民主平等、融洽和谐、具有激励性。	10—9分	8—6分	5分以下	
	2.因材施教、循序渐进、具有研究性。				
	3.注重规律、提炼方法、具有指导性。				
学生学习活动（30分）	1.学生清楚本节课的学习目标。	30—27分	26—18分	17分以下	
	2.学生善于独立思考，乐于合作交流，能自悟与感悟。				
	3.学生参与活动的态度积极主动，参与活动有广度和深度，良好的思维品质得到培养。				
	4.学生得到了听、说、读、写、记、算等基本能力的训练，掌握了一些学科思想方法。				
	5.学生注意力集中，有自主学习时间，课堂气氛活跃、有序。				
	6.学生在学习中有积极的情感体验，表现为好学、乐学、会学，并形成正确的价值观。				

续表

评价项目	评价内容	评价等级			
		A	B	C	得分
教师教学行为（30分）	1.教学面向全体学生，分层施教。	30—27分	26—18分	17分以下	
	2.实际教学紧扣目标，师生互动积极有效。				
	3.教学内容的选择与处理科学合理，学习活动所需要的相关资料充足，教学方法选择恰当，现代教育技术应用适时适度。				
	4.课堂结构合理，教学思路清晰，突出重点和难点；问题的设计具有艺术性、科学性和思考价值，思维含金量高。				
	5.精讲多练，预设充分，合理利用生成的资源；教学语言准确、精确、精炼，有感染力。				
	6.组织协调能力、应变能力和及时性评价能力强。				
教学效益（10分）	1.教学实施过程中的有效时间占总时间的百分比高。	10—9分	8—6分	5分以下	
	2.有效提问的数量占提问总量的百分比高。				
	3.有效练习时间占练习时间的百分比高。				
教学效果（10分）	1.学生当堂验收的吸收率高。	10—9分	8—6分	5分以下	
	2.各环节时间合理。				
	3.教师和学生的精神状态好。				
教学特色（+5分）	教师教学在某些方面具有独创性，教学效果突出等。	5分	4—3分	2分以下	
总分					

表6-2 讲评课教学评价表（试行）

评价项目	评价内容	评价等级			
		A	B	C	得分
教学前反馈的充分性（10分）	1.试题功能把握的深刻性。	10—9分	8—6分	5分以下	
	2.信息（数据）收集的价值性与准确性。				

评价项目	评价内容	评价等级			得分
		A	B	C	
教学目标的针对性（20分）	1.针对试题内容、功能进行补缺、挖掘。	20—18分	17—12分	11以下	
	2.针对学生存在的问题或薄弱环节进行补救提高。				
	3.注重规律、提炼方法，具有指导性。				
教学活动的"双主性"（30分）	1.教师精心设计，实施教学内容，重视启发引导，激活学生思维，教师起主导作用。	30—27分	26—18分	17分以下	
	2.学生参与活动的态度积极主动，参与活动有广度和深度，课堂气氛活跃有序。				
	3.学生得到了听、说、读、写、记、算等基本能力的训练，掌握了一些学科思想方法。				
	4.学生在学习中有积极的情感体验，表现为好学、乐学、会学，并形成正确的价值观。				
教学反馈的动机性（30分）	1.对学生的要求符合"最近发展区"。	30—27分	26—18分	17分以下	
	2.让学生参与评价，归因合情。				
	3.教学内容的选择与处理科学合理，学习活动所需要的相关资料充足，教学方法选择恰当，现代教育技术应用适时适度。				
	4.课堂结构合理，教学思路清晰，突出重点和难点；问题的设计具有艺术性、科学性和思考价值，思维含金量高。				
	5.精讲多练，预设充分，合理利用生成的资源；教学语言准确、精确、精炼，有感染力。				
	6.组织协调能力、应变能力和及时性评价能力强。				
评价结果的实效性（10分）	1.目标达成，各层次的学生都有所获，效果良好。	10—9分	8—6分	5分以下	
	2.师生关系和谐，学生情绪积极。				
教学特色（+5分）	教师教学在某些方面具有独创性，教学效果突出等。	5分	4—3分	2分以下	
总分					

表6-3 实验课教学评价表（试行）

评价项目	评价内容	评价等级			得分
		A	B	C	
教学目标 （10分）	1.符合学科课程标准和教材的要求及学生实际。	10— 9分	8—6 分	5分 以下	
	2.体现以学生发展为本的观念，符合学生的心理特征和认知发展水平，关注学生的差异。				
	3.明确、合理、具体、可操作性强。				
教学策略 （10分）	1.民主平等、融洽和谐、具有激励性。	10— 9分	8—6 分	5分 以下	
	2.因材施教、循序渐进、具有研究性。				
	3.注重规律、提炼方法、具有指导性。				
学生学习 活动 （30分）	1.能按所设计的实验方案进行试验。	30— 27分	26— 18分	17分 以下	
	2.能安全、规范地使用各种实验仪器。				
	3.能真实地记录和收集实验数据。				
	4.能科学处理实验数据，得出相应结论。				
	5.实验结果基本正确，能完成实验报告。				
	6.学生善于独立思考，乐于合作交流，能自悟与感悟。				
教师教学 行为（30 分）	1.教学面向全体学生，分层指导。	30— 27分	26— 18分	17分 以下	
	2.实际教学紧扣目标，师生互动积极有效。				
	3.教学内容的选择与处理科学合理，学习活动所需要的相关资料充足，教学方法选择恰当，现代教育技术应用适时适度。				
	4.课堂结构合理，教学思路清晰，突出重点和难点；问题的设计具有艺术性、科学性和思考价值。				
	5.对实验的关键步骤有提示，充分预设，合理利用收集的资源；教学语言准确、精确、精炼，有感染力。				
	6.组织协调能力、应变能力和及时性评价能力强。				

评价项目	评价内容	评价等级			得分
		A	B	C	
教学效益（10分）	1.教学实施过程中的有效时间占总时间的百分比高。 2.有效提问的数量占提问总量的百分比高。 3.有效练习时间占练习时间的百分比高。	10—9分	8—6分	5分以下	
教学效果（10分）	1.实验结果正确，及时完成实验报告。 2.各环节时空合理。 3.教师和学生的精神状态好。	10—9分	8—6分	5分以下	
教学特色（+5分）	教师教学在某些方面具有独创性，教学效果突出等。	5分	4—3分	2分以下	
总分					

表6-4 写作课教学评价表（试行）

评价项目	评价内容	评价等级			得分
		A	B	C	
教学目标（10分）	1.符合学科课程标准和教材的要求及学生实际。 2.学生的观察能力、想象能力、表达能力切实得到培养。 3.明确、合理、具体、可操作性强。	10—9分	8—6分	5分以下	
教学策略（10分）	1.民主平等、融洽和谐、具有激励性。 2.因材施教、循序渐进、具有研究性。 3.注重规律、提炼方法、具有指导性。	10—9分	8—6分	5分以下	
学生的学习活动（30分）	1.学生清楚本节课的学习目标。 2.学生善于独立思考，乐于合作交流，能自悟与感悟。 3.学生能主动观察生活，积极调动生活经验进行情感体验，能够对自然、社会和人生加以感受和思考。 4.学生参与写作活动的态度积极主动，善于将自己对社会、自我、人生的看法进行有条理有创造的表述，良好的思维品质得到培养。	30—27分	26—18分	17分以下	

评价项目	评价内容	评价等级			得分
		A	B	C	
	5.学生能调动自己的语言积累，推敲锤炼语言；能准确、鲜明、生动地表达。				
	6.学生能独立写作或修改自己的文章，积极切磋交流，乐于相互展示和评价写作成果。				
教师的教学行为（30分）	1.教学面向全体学生，因材施教。	30—27分	26—18分	17分以下	
	2.教学紧扣目标实施，指导学生审题立意、打开思路、搜集题材。				
	3.教师要结合教学内容，引导学生体验人生，关注社会热点，激发写作欲望。				
	4.教师要指导学生积极思考、认真感悟、努力表达真情实感。				
	5.教师要按照不同问题的写作要求，给予恰当的、操作性强的写法指导。				
	6.组织协调能力、应变能力和及时性评价能力强。				
教学效益（10分）	1.教学实施过程中的有效时间占总时间的百分比高。	10—9分	8—6分	5分以下	
	2.有效提问的数量占提问总量的百分比高。				
	3.有效练习时间占练习时间的百分比高。				
教学效果（10分）	学生学会了一定的写作方法，思维得到有效训练，大部分学生能够在规定时间内当堂完成作文。	10—9分	8—6分	5分以下	
教学特色（+5分）	教师教学在某些方面具有独创性，教学效果突出等。	5分	4—3分	2分以下	
总分					

表6-5 复习课教学评价表（试行）

评价项目	评价内容	评价等级			得分
		A	B	C	
教学目标（10分）	1.符合学科课程标准和教材的要求及学生实际。	10—9分	8—6分	5分以下	
	2.重视学生自主内化知识，迁移运用知识和自主反思、自主纠偏能力的培养，突出重难点的解决和学习方法的指导。				
	3.通过复习、整理，构建知识网络；通过对知识的系统概括、提高，培养学生综合解决实际问题的能力。				
教学策略（10分）	1.民主平等、融洽和谐、具有激励性。	10—9分	8—6分	5分以下	
	2.因材施教、循序渐进、具有研究性。				
	3.注重规律、提炼方法、具有指导性。				
学生学习活动（30分）	1.清楚本节课的学习目标。	30—27分	26—18分	17分以下	
	2.有充分的独立思考时间与意识，体现探究式学习的过程。				
	3.不同层次的学生都参与教学过程，思维活跃，积极呼应，生生之间，师生之间互动充分多样，有效。				
	4.回答问题，交流讨论，检测总结等学习过程中，主动提出问题，有独到的见解。				
	5.学生注意力集中，有自主学习时间，课堂气氛活跃、有序。				
	6.学生在学习中有积极的情感体验，表现为好学、乐学、会学，并形成正确的价值观。				
教师教学行为（30分）	1.知识梳理清晰，落实基础，突出重点，把握难点，详略得当，有效构建知识网络。创造性地使用教材，突出学科规模。	30—27分	26—18分	17分以下	
	2.典型实例规范，能促进学生知识理解和思维发展，充分暴露思维过程，突出思维方法和学科基本思想方法。				

评价项目	评价内容	评价等级			得分
		A	B	C	
	3.达标检测紧贴教学目标，及时反馈。				
	4.总结反思简约、精辟；注意引导学生自主纠偏，及时总结概括规律、方法。				
	5.注重变式训练，训练科学合理，有针对性，作业布置合理。				
	6.教学基本功扎实，教法灵活，能恰当利用多媒体；充分关注学生学习过程；板书规范。				
教学效益（10分）	1.教学实施过程中的有效时间占总时间的百分比高。	10—9分	8—6分	5分以下	
	2.有效提问的数量占提问总量的百分比高。				
	3.有效练习时间占练习时间的百分比高。				
教学效果（10分）	1.学生当堂验收的吸收率高。	10—9分	8—6分	5分以下	
	2.各环节时空合理。				
	3.教师和学生的精神状态好。				
教学特色（+5分）	教师教学在某些方面具有独创性，教学效果突出等。	5分	4—3分	2分以下	
总分					

（三）评课要领

能找出一节课堂教学中有价值、有意义的亮点，发现课堂中的关键性问题，给任课教师恰如其分的评价，给教师专业的指引，这对教师提出了很高的要求。事实证明，评课能力是教师重要的专业能力之一。评课环节的质量标志着校本教研的水平，关系到校本教研的投入和产出的效能。

由于理论基础、教学经验、学科素养、教学观念的不同，不同的听课教师评

课时的评价是不同的。课堂教学评价标准是统一课堂教学评价的尺度,但作为教师,要根据自己的教学价值取向,统一课堂教学评价的思想观念。一般而言,评课的着眼点有以下方面:

1. 评目标。课堂教学要有目标,目标应当是具体、合理的。教师课堂教学指向性应明确,每一个教学行为都有具体的目标指向;如果教师的教学目标是模糊的,教师课堂教学的指向性就不明确,教师的教学行为指向是不确定的。此时如问任课教师,课堂上某一教学行为的目的是什么,任课教师的回答是混乱的。

2. 评过程。教师的专业知识、专业能力、专业思想在教学的过程中表现出来。

(1)评教师把教材内容转变成教学内容的能力。低水平教师的教学结构和教材结构几乎相同,教材里有什么,课堂上就教什么。高水平教师是根据学生的心理结构、知识储备结构确定教学结构,教材内容只是教学内容的一部分。

(2)评教师课堂各结构时间使用是否合理。在比较完美的课堂中,教师设计的教学活动都能如期进行。

(3)评教学的效率。一节效率较高的课一定会有比较充足的练习巩固时间,一定有学生的自学。教师讲的地方一定是关键和要害之处。

(4)评教师的语言。课堂上,高水平教师的语言有三种境界。第一境界:想得清楚,说得明白,使学生听得懂、说得出;第二境界:声情并茂,传神动听,使学生身临其境、如闻其声;第三境界:话语有限,其意无穷,使学生充分想象,思绪无涯。

3. 评效果。教学效果评价从两个方面展开:学生课堂表现评价和评课堂检测效果。我们可以从三个方面评学生在课堂中的表现:一是情绪状态。课堂上,学生良好的情绪状态是精力充沛、热情洋溢、注意集中。二是学生的互动状态。学生在课堂上有师生之间的互动、同伴之间的互动。良好的互动状态是落落大方、充满自信、勇于发表见解。三是学生参与学习的状态。学生参与学习的理想状态是广泛参与、时间持久。评课堂检测效果即查看学生对教学内容掌握是否良好。

评课是教师之间互相交流和学习教学经验的重要途径，也是教师展现自身教学思维和教学研究成果的重要舞台。通过制定有效的教学目标和评课系统，学校各个学科的教研团队互相借鉴和帮助，对教学工作展开行之有效的调整和完善。及时在教师团队中传播先进的教学经验，能够促进整体教师教育教学水平的提高。

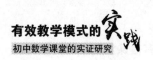

第五节
校本研修的活动感悟

为打造高素质的教师队伍,学校立足教育发展的实际,深入开展教学研究,以课程改革为中心,以课堂教学为重点,在抓好教学常规管理的同时,不断更新教学观念,不断创新工作思路,不断改革完善教学方法和措施,扎实开展校本培训和研究工作,促进师资队伍的建设。师资队伍建设是制约学校发展的关键因素。学校发展的关键在教师专业素养的提高。教师的素养高低决定了学校发展的程度。

一、校本研修要找准关键问题,因地制宜

校本研修以学校为本,要针对自己学校的问题。问题要来源于教师的教育教学实践。实践出真知,校本研修要立足本校实际,解决本校教师的问题。问题不能空泛,必须来源于自己学校教师在教育教学实践中产生的疑问、困惑。空泛的问题会使校本研修流于形式,无法真正带动本校教师提高和进步。

二、校本研修要敞开学校大门,拓宽渠道

校本研修不能闭门造车,要充分利用网络。网络可以打开学校间的大门,可以让教师在学校内与全国各地的专家学者进行沟通。如果自己学校解决不了的问题,学校管理者不能把问题搁置,或者把问题交给网络搜索。管理者必须是校本研修的引领者。学校管理者可以精选网络中的相关研讨在学校播放,

使校内教师进一步讨论，引起教师的思维碰撞，真正地解决问题。教师之间的相互交流和学习，能够促进教师团队的思维转变，提升整体教师素质。

三、校本研修要推进区域互动，学科互动

校本研修不是一所学校的研修，其需要区域联动，更需要教育主管及教研部门的支持。校本研修首先要确定好研修的方向与目标，一个阶段着力解决一两个问题，不要求全、求大，求全求大意味着空泛而不切实际。

四、校本研修要加强学习，提高认识

（一）重新认识"以人为本"的教学观念

教师的重任不应只是知识的传授者，更应是学生学习能力的培养者。在教学中，教师有时会忽视学生的发展，未能完全落实"以人为本"的教育理念。教师只有通过校本培训，达成共识，转变传授知识和技能的方法，立足学生的实际设计课堂教学，体现学生是学习的主体、课堂的主人。

（二）以旧换新，将先进的教学模式引入课堂

多年来，"老师教、学生学，老师讲、学生听"已经成为固定的教学模式，这种教学模式限制了学生的发展，压抑了学生学习的热情，很难激发学生的潜能。新课程提出了新的教学模式，新的教学模式强调合作学习、主动探究、师生互动、生生互动。新的教学模式为课堂注入生机与活力，给学生更加广阔的学习空间。

五、校本研修要健全三级研修网络

学校应建立学校领导、教导处、教研组三级研修网络，以教导处为中心，层层负责，逐级推进，学校教学领导分工蹲点教研组，参加教研组活动，提出指导性意见和建议。教导处抓好教研组长培训，定期给教研组长布置工作任务，定期检查，通过学校三级研修活动，对全校教师进行全方位、多层次培训，重新构

建教师对"有效教学"的认知。

六、校本研修要通过创新培训提升教学理念

校本研修的主体是教师，教师对有效教学理念的认识程度直接影响校本研修的成效。为此，学习、实践、验证依然是校本研修的重点任务。校本培训要抓好以下关键点：

保证培训时间：用足、用好业务学习时间。形成培训系列：重点围绕说课、上课、评课开展教研组活动，详细记录，教师在一个个案例中实践、体验新的课程理念。加强合作交流：邀请专家、教研员来校讲座、辅导，派教师外出学习、观摩，外出学习的教师返校后，及时向教研组、学校传达先进思想、理念，大家相互学习，共同提高。学期末，学校根据学期计划，完成对培训教师的考核工作。

七、校本研修以全员性参与为基础，以研讨有效教学为内容

以课例研究为载体开展"有效教学"的研究，教研组提前公布研究课的教学内容，开展参与式集体备课（在年级学科组内，人人同备同上一节课，集体进行研讨）。展示课结束，现场进行效果检测；上课教师说课、听课教师有针对性地开展讨论与评课，最后由专家点评、提升。全体教师围绕自己初期制定的教学研究目标进行研究，积极参加学校举行的"有效教学"研究系列活动，评课的过程中，既要客观地评出优点，也要评出不足，提出改进措施和努力方向。

通过校本研修，在加强教师师德建设的同时，能够进一步优化教师队伍结构，强化教师的专业意识、发展意识和竞争意识；确立以教师专业发展为导向的校本研修框架，进一步推进校本研修工作；立足教研，聚焦课堂，改进教学行为，更新教育理念，转变教师角色和教学行为，树立现代化教育思想，优化、拓宽知识，提高教学效益，提升教师专业化发展水平；构建符合学校实际的校本研修机制，加快培养骨干教师或学科带头人，促进学校发展。

第七章

初中数学有效教学设计课例反思

在数学教学中，反思是发现问题的源泉，是优化教学设计、提高教学质量的方法，是促进认识深化的可靠途径。荷兰数学家、教育家弗赖登塔尔曾说："反思是重要的教学活动，它是数学活动的核心和动力。"可以说，没有反思的经验是狭隘的经验，是肤浅的认识。反思可以使存在的问题得到整改，发现的问题及时探究，积累的经验升华为理论。反思还能提高数学意识，优化思维品质。

"平行四边形判定"教学设计与反思

教学中,教师应采取的教学方法是启发、讲授,指导学生探究。教师应坚持"二主"方针(学生为主体、教师为主导),让学生在教师的引导下始终处于一种积极思维、主动探究的学习状态,使课堂洋溢着轻松和谐、探索进取的气氛,同时借助实物、多媒体进行演示,以增加课堂容量和教学的直观性。新课程标准要求学生在认识平行四边形性质的基础上,探究并掌握判定平行四边形的方法,学会一些简单的应用,通过逆命题猜想、验证逻辑推理的过程,体验数学研究和发现的过程,学会数学思考的方法。

一、深入分析教材

(一)教材的地位与作用

本课选自八年级《数学》上册"四边形"第一节,属于"空间与图形"知识领域。本节课是在学习了平行四边形的定义、性质的基础上学习判定的。它既是对前面所学知识、方法的回顾、延伸,又为今后学习特殊平行四边形奠定了基础。

(二)教学目标

根据学生已有的认知和教材内容,依据教学大纲确定本节课的教学目标。

知识技能:使学生掌握平行四边形的判定方法并能灵活运用。

过程与方法:经历探索、猜想、证明的过程,进一步发展推理论证的能力。

体会在证明过程中运用的归纳、类比、转化等数学思想方法。

情感态度与价值观：通过探索平行四边形判定的过程，培养学生科学推理能力，并逐步培养学生在学习活动中主动探究的意识和合作交流的习惯。

二、教学的重难点

探究判定定理的过程需要经过对逆命题的猜想、图形验证、逻辑证明三个过程，需要学生体验并逐步掌握这种发现数学结论的方法，因此判定定理的探究过程是本节课的重点。

学生在获得平行四边形的判定方法后不能很快适应，虽然知识面拓宽了，解题途径也增加了，但还是习惯走老路，不善于运用新定理，总在三角形全等中转圈子，因此平行四边形性质和判定的简单综合运用是本节的难点。

三、充分了解学情

初二下学期，学生已经学习了初中阶段包括全等三角形的性质判定在内的一些几何概念及定理，并且掌握了基本的尺规作图的方法。但学生数学表达能力和抽象思维能力有限，逻辑推理能力有待加强。

四、掌握教学策略

（一）教学方法

本节课采用引导探究、讨论式以及讲练结合的教学方法，以问题的提出、问题的解决为主线。

（二）学法指导

引导学生通过实验、操作、猜想、验证、交流等获得知识，形成技能，并得出正确的判定方法，培养学生发散思维的能力，体会分类讨论的数学思想，体验发现问题、提出问题、分析问题、解决问题的过程。

（三）教学手段

本节课教学目标的实现，需要借助多媒体和导学案辅助教学，需借助实物投影仪展示学生的书写例子，与其他学生共享资源，以规范学生正确书写几何推理，纠正共性问题。教师应让学生提前准备学具——两长两短的四个硬纸条和小图钉。

五、完善教学过程

（一）创设情境，设问质疑

教师提问：有一块平行四边形的玻璃片，假如不小心碰碎了部分（如下图所示）。同学们想想看，有没有办法把原来的平行四边形重新画出来？

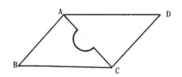

图7-1　平行四边形的玻璃片

学生可能提出的画法：

1.分别过 A、C 作 DC、DA 的平行线，两平行线相交于 B。

2.连接 AC，取 AC 的中点 O，再连接 DO，并延长 DO 至 B，使 $BO = DO$，连接 AB、CD。

3.分别以 A、C 为圆心，以 DC、DA 的长为半径画弧，两弧相交于 B，连接 AB、CB。

4.过 C 作 DA 的平行线，再在这平行线上截取 $CB = DA$，连接 BA。

教师追问：通过上面四中方法作出的四边形是否都是平行四边形呢？引出学习：平行四边形的判定（板书）。

教师创设数学问题情境，产生认知冲突，快速吸引学生注意，让学生从真实的生活中发现数学，激发学习兴趣。

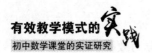

（二）复习猜想，明确思路

1. 忆性质。从边看：平行四边形的两组对边分别平行；平行四边形的两组对边分别相等。从角看：平行四边形的两组对角分别相等。从对角线看：平行四边形的对角线互相平分。

2. 猜命题。教师提问：反过来说，对边相等（或对角相等，或对角线互相平分）的四边形是不是平行四边形呢？逆命题：两组对边平行的四边形是平行四边形（定义）；两组对边分别相等的四边形是平行四边形；两组对角相等的四边形是平行四边形；对角线互相平分的四边形是平行四边形。

3. 引课题。教师追问：判定定理是性质定理的逆定理，上述性质定理的逆命题能否成为平行四边形的判定定理呢？这是我们这节课所要共同探究的内容。教师通过复习提问，比较自然地引出了本节课题，培养学生的逆向思维，为平行四边形判定方法的进一步探索做好铺垫。

（三）合作探究，实验论证

教师提问：你认为上述逆命题是真命题吗？你能用我们提前准备的学具实验一下吗？

1. 探究：学生通过两长两短的四个硬纸条制作平行四边形。

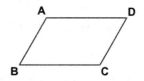

图7-2　用硬直条制作平行四边形

2. 教师提问：你能在平面内将这四个硬纸条首尾顺次相接组成一个平行四边形吗？若能，请将这四个硬纸条首尾顺次相接组成的平行四边形画在纸上，通过实际操作来验证你的拼接是正确的。

学生用量角器分别测量 $\angle A$、$\angle B$、$\angle C$ 的大小，看是否有等式 $\angle A + \angle B = 180°$ 和等式 $\angle B + \angle C = 180°$；或利用一副三角板平推来验证是否

$AB /\!/ CD$、$AD /\!/ BC$。

教师提问：你能用数学语言表述你的发现吗？学生猜想：两组对边分别相等的四边形是平行四边形，两组对角分别相等的四边形是平行四边形。学生对自己的猜想进行验证。

教师提问：你能对这个命题做出论证吗？

已知：在四边形 $ABCD$ 中，$AB = CD$，$AC = BD$。求证：四边形 $ABCD$ 是平行四边形。

3. 形成定理。文字表述：平行四边形的判定定理：两组对边分别相等的四边形是平行四边形；两组对角分别相等的四边形是平行四边形。

符号语言表述：

$\because AB = CD, AC = BD$，

$\therefore$ 四边形 $ABCD$ 是平行四边形。

$\because \angle A = \angle C, \angle B = \angle D$。

$\therefore$ 四边形 $ABCD$ 是平行四边形。

4. 继续探究。教师提问：在逆命题的研究上，请大家分组合作，一部分同学摆，一部分同学论证，大家会有什么新的发现？通过探究得出判定定理：对角线互相平分的四边形是平行四边形。

5. 即时归纳。教师提问并归纳总结：平行四边形的判定方法现在有几种？根据定义：两组对边分别相等的四边形是平行四边形；两组对角分别相等的四边形是平行四边形；对角线互相平分的四边形是平行四边形。

这一环节通过问题串尽力展现平行四边形判定定理的来龙去脉——实验探究、猜想论证、形成结论，进一步使直观操作和逻辑推理有机地结合在一起，使推理论证成为学生观察、实验、探究得出结论的自然延续。此处的设计立足于学生已有的数学经验，让学生经历观察、操作、思考、交流等活动，通过学生的互相交流，摆出不同形状的四边形，使实验的过程变得更加具有一般性。教师把证明平行四边形的问题逐步转化为证明平行、角相等、三角形全等，体现化归

的思想，也使学生有一个不断自我矫正的过程，突破重难点。在此处采用即时归纳的方式，让学生形成归纳总结的意识和习惯。

（四）例题变式，应用判定

例题：在 $\square ABCD$ 中，点 E、F 分别为 OA、OC 的中点，四边形 $BEDF$ 为平行四边形吗？请说明理由。

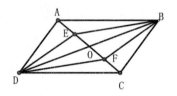

图7-3　平行四边形

此例题既用到平行四边形的性质，又用到平行四边形的判定，教师可让学生独立完成证明。本题有多种证明方法，教师可请学生代表上台展示自己的证法，比较得出哪种解法是最佳解法，并由教师书写解法步骤，起示范作用。

例题变式 1：若 $AE = CF$，结论有改变吗？为什么？

（此例题将例题中特殊点 E、F 推广到较一般的点。）

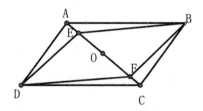

图7-4　平行四边形例题变式图

例题变式 2：若 E、F 为直线 AC 上两点，且 $AE = CF$，结论成立吗？为什么？

（此例题从条件角度对例题进行变式。）

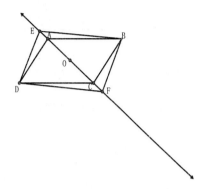

图7-5 平行四边形例题变式图

例题变式3：若 E、F、G、H 分别为 AO、BO、CO、DO 的中点，四边形 $EFGH$ 为平行四边形吗？为什么？

（此例题从条件角度继续变式。）

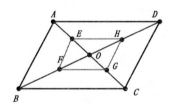

图7-6 平行四边形例题变式图

三次变式本着"由简到繁、由静到动"的顺序，一步步加大题目的开放性，增加题目挖掘的深度和广度，培养学生多层次、多角度思维能力，全面认识"利用对角线互相平分来判定平行四边形"，实现学生认识的螺旋上升，符合学生认知特点。通过解决具体问题，加深学生对判定方法应用的理解。

（五）深化判定，巩固应用

1. 判定。教师提问：请判定刚开始上课时，画出的四边形是不是平行四边形？

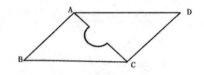

图7-7　平行四边形的玻璃片

教师再现画法：

（1）分别过 A、C 作 DC、DA 的平行线，两平行线相交于 B。

（2）连接 AC，取 AC 的中点 O，再连接 DO，并延长 DO 至 B，使 $BO = DO$，连接 AB、CD。

（3）分别以 A、C 为圆心，以 DC、DA 的长为半径画弧，两弧相交于点 B，连结 AB、CB。

（4）过 C 作 DA 的平行线，再在这平行线上截取 $CB = DA$，连接 BA。

此处与课前引入相呼应，让学生运用所学知识解决课前疑问，巩固判定，经历发现问题、解决问题的过程。学生可能较难想到画法（2），教师可以适当提示并用判定引导；对于画法（4），教师可以先给予学生肯定，然后告诉学生这将要在下节课继续学习。

2. 练习。教师精选练习题，使学生巩固并熟悉判定。

（六）课堂小结

让学生参与小结并允许学生答案不同，可以增强学生学习的积极性和主动性，培养他们对所学知识进行回顾思考习惯。通过小结也强调了本节课的重点，巩固了学习内容。本节课的收获可先由学生总结，教师补充并询问：关于这节课还有不明白的地方吗？如果有，请一并提出来，大家共同解决。

六、教学设计说明

本节选用了"实验探究、猜想论证、形成结论"这样循序渐进的教学流程。通过这三个方面的师生双边活动，最终实现激发学生学习的潜能、突破重难点知识的目标。

（一）动——师生互动

教师通过多媒体呈现问题情境,给学生足够的时间动脑、动手、动口参与教学,与老师共同研究判定方法,感悟知识的发生、发展过程。教师将具体的生活情景在教学过程之中进行展示,师生共同交流探究,动态地表现知识要点。

（二）变——多层变式

通过多层次、多角度的例题变式,培养学生思维的广阔性和深刻性。多角度地学习能够使学生的思维灵活应对多样的学习情境。

（三）引——适当引导

在教学中学生思维受阻的地方,教师通过层层铺垫,给予必要的引导,做到"引而不灌"。教师的"引"是为了学生更好地学。教师的引导是学生学习过程中不灭的明灯,能够让学生少走弯路,科学地掌握所学的知识。

七、课后反思提升

本节课主要内容是探究平行四边形的两种判定方法,并运用它进行证明和计算。在教学设计上,教师首先提出课题,学生通过自主探究,获得新的判定方法,这体现了运用旧知识得到新知识的教学规律,实现几何与论证几何的完美统一。通过应用,强化了学生对知识的巩固和发展,教学主题鲜明,有效地训练了学生分析问题的能力,提高了学生分析问题的针对性,同时突破了教学的重点。

本节课教学环节落实情况基本到位,学生配合程度良好,教学任务基本完成。但还存在以下问题:一是学生对于学过的知识掌握不牢,回答问题不够简练;二是在引导学生探讨矩形的第一个判定的证明及例题时,没有进行适当的引导,导致花费时间过长,在提高环节中只解决了一道习题,小结也比较仓促,时间把握不到位;三是学生板书过程出现小问题,没有及时更正;四是对于几何语言的使用存在问题,不够准确。在以后的几何教学中,还需要多加练习和

引导，精确几何描述，多加钻研，加强学生对已学知识的回顾，提高教师自身的教学水平。

几何教学更注重学生的形象思维逻辑，这离不开教师的形象化引导和兴趣教学，教师应让学生主动地思考图形之间的关系，把抽象的原理转化为灵活的思考，使其更好地掌握相关知识点。

"勾股定理逆定理"教学设计与反思

我国周朝数学家商高曾提出,将一根直尺折成一个直角,如果勾(短直角边)等于三,股(长直角边)等于四,那么弦等于五,即"勾三、股四、弦五"。这被记载于我国古代著名的数学著作《周髀算经》中,这本书还记载了勾股定理的一般形式。中国古代的几何学家研究几何是为了实际应用。勾股定理是直角三角形重要的性质定理,它在整个中学数学教学中极为重要。有关勾股定理的证明和应用在当下各种版本的教材中都有丰富的阐述,而对勾股定理的逆定理的证明及应用则较少。尤其勾股定理逆定理的证明方法大都采用"同一证法",学生理解难度大,在实际教学中颇不顺畅。

一、教学内容解析

(一)教学内容

勾股定理的逆定理证明及简单应用,原命题、逆命题的概念及相互关系。

(二)教学内容解析

勾股定理的逆定理:如果一个三角形的三边长 a、b、c,满足 $a^2+b^2=c^2$,那么这个三角形是直角三角形。这是利用三角形边长关系来判定三角形是直角三角形的一种方法。

本节课的教学重点:证明勾股定理的逆定理;用勾股定理的逆定理解决具体的问题。

二、教学目标解析

（一）教学目标

1. 理解勾股定理的逆定理，经历"实验—猜想—论证"的探究过程，体会通过"构造法"证明数学命题的基本思想方法。

2. 理解原命题、逆命题、逆定理的概念及关系。

（二）目标解析

达成目标 1：学生通过勾股定理的逆定理的探究及证明过程，理解通过构造一个直角三角形，证明此三角形和原三角形全等，从而证明三角形为直角三角形的方法。要求学生能应用勾股定理的逆定理来判断一个三角形是直角三角形。

达成目标 2：学生能根据原命题写出它的逆命题，并了解原命题为真命题时逆命题不一定为真命题。理解判断逆命题为假命题只需举出反例即可，但要说明逆命题，必须通过证明。

三、教学问题诊断

证明勾股定理的逆定理的实质，是通过 $a^2+b^2=c^2$ 证明三角形中有一个角为 $90°$。勾股定理的证明方法有很多，教材也提供了多种证法，而勾股定理逆定理的证明，教材的编写却相当"简洁"，即先用"构造法"构造一个直角三角形，再利用三角形全等得以证明。这个定理的证明方法学生不太容易能想到。基于以上分析，可以确定本节课的教学难点是勾股定理的逆定理的推导。

四、教学过程设计

（一）创设情境

教师提问：你能说出勾股定理的题设和结论吗？

师生活动：师生共同回忆勾股定理，并让学生正确说出勾股定理的题设和结论,教师揭示勾股定理从形的特殊性得出边之间的数量关系。

教师追问:反过来说,由 $a^2+b^2=c^2$ 能否确定这是一个直角三角形?

设计意图:通过对前面所学知识的归纳总结,使学生联想到用三边的关系可以判断一个三角形为直角三角形,提高学生发现反思问题的能力。

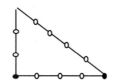

图7-8　古埃及人得到直角的方法示意图

教师提问:古埃及人曾用下面的方法得到直角:用 13 个等距的结,把一根绳子分成等长的 12 段,然后分别以 3 个结、4 个结、5 个结的长度为边长,用木桩钉成一个三角形,其中一个角便是直角。按照这种做法真能得到一个直角三角形吗?

这个问题意味着,如果围成的三角形的三边分别为 3、4、5,并有下面的关系"$3^2+4^2=5^2$",那么围成的三角形是直角三角形。

设计意图:探究的问题与学生的生活经验相关,并且渗透数学史知识,借此能够唤起学生的探究兴趣,引起学生的认知冲突,触发学生的多元思考。

教师追问:请大家测量图 7.8 中的最大角,它是直角吗?然后请学生回答问题:这组数都满足 $a^2+b^2=c^2$ 吗?然后再换一组数据试试:2.5cm、6cm、6.5cm。(请学生验证是否满足 $a^2+b^2=c^2$、是否为直角三角形)任意满足 $a^2+b^2=c^2$ 的三边都可以构成一个直角三角形吗?请学生利用几何画板再次进行验证。

教师提问:结合勾股定理,请大家提出自己的猜想。猜想命题:如果一个三角形的三边长 a、b、c 满足 $a^2+b^2=c^2$,那么这个三角形是直角三角形。

师生活动:教师借助电子白板进行演示,指导学生按要求画出三角形,并用几何画板演示满足 $a^2+b^2=c^2$ 的三边组成的三角形是直角三角形。由特殊到一般,引导学生归纳出如果三角形三边 a,b,c 满足 $a^2+b^2=c^2$,那么这个三角形

就为直角三角形的结论。

设计意图：由特殊到一般,使学生猜想并归纳出如果三角形三边 a、b、c 满足 $a^2+b^2=c^2$,那么这个三角形就为直免三角形的结论,培养学生动手操作能力和寻求解决数学问题的一般方法。

(二)证明逆定理

教师提问：你能根据勾股定理逆定理的题设和结论画图并写出已知求证吗?

已知：$\triangle ABC$ 的三边长 a、b、c 满足 $a^2+b^2=c^2$。求证：$\triangle ABC$ 是直角三角形。

教师提问：要证明 $\triangle ABC$ 是直角三角形,只要证 $\angle C = 90°$,由已知条件能直接证明吗? 如果不能直接证明,怎么办呢?

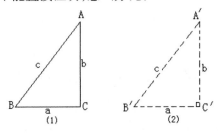

图7-9 勾股定理的题设和结论图

教师提问：前面我们已经学习过勾股定理,而此问题中的已知条件 $a^2+b^2=c^2$ 类似于勾股定理中的结论。如果要想应用已有知识,首先想到的是应用勾股定理,而要应用勾股定理就必须得有直角三角形这个条件,所以可以想到要构造一个直角三角形和这个三角形全等,再应用全等性质证明直角。

证明：作 $\triangle A'B'C'$,使 $\angle C' = 90°$,$A'C' = b$,$B'C' = a$,

那么 $A'B'^2 = a^2+b^2$ (勾股定理)。

又 $\because a^2+b^2=c^2$ (已知),

$\therefore A'B'^2 = c^2$,$A'B' = c$($A'B' > 0$)。

在 $\triangle ABC$ 和 $\triangle A'B'C'$ 中,

$$\begin{cases} BC = a = B'C' \\ CA = b = C'A' \\ AB = c = A'B' \end{cases}$$

$\therefore \triangle ABC \cong \triangle A'B'C' \ (SSS)$

$\therefore \angle C = \angle C' = 90°$ 。

$\therefore \triangle ABC$ 是直角三角形。

教师提问：本题的构造法是一种很特殊的构造法，叫同一法。我们将猜想证出，得到勾股定理的逆定理，这是判定直角三角形的又一种方法。勾股定理的逆定理的证明方法不止这一种，目前有 8 种，有兴趣的同学可以在课下继续研究。

设计意图：用同一法来证明数学问题是一个富有思考性的问题，怎样构造？为什么这样构造？……这对培养学生的数学思维能力极为有益。但如果教师很突然地构造了直角三角形，只是让学生计算一下，来说明两个三角形是否全等，这就降低了教学的要求，长此以往会使学生"机械学习"。

学生自己经过探索发现的命题，无论从思想感情上，还是学习兴趣上来看，都要比直接给出命题再加以证明更富有吸引力。数学创造往往开始于不严格的发散思维，而继之以严格的逻辑分析思维，即收敛思维，有了猜想的结果，猜想正确的证明就变成了学生自发的需要。"先猜后证"是大多数科学的发现之道。

（三）互逆命题，互逆定理

教师提问：比较勾股定理的逆定理和勾股定理，这两个命题的题设和结论有何关系？

设计意图：使学生认识什么样的两个命题是互逆命题，明白什么是原命题，什么是逆命题。

教师提问：请说出下列命题的逆命题，并思考这些命题的逆命题是否成立——两条直线平行，内错角相等。如果两个实数相等，那么它们的平方相等。

全等三角形的对应角相等。

设计意图：当学生探究得到了勾股定理的逆定理，如果教师马上转向例题，讲勾股定理逆定理的应用，势必造成学生对数学定理的肤浅理解，失去了一次培养学生反思的良好机会。于是教师继续提出问题让学生思考。

当学生发现所证定理和前面的勾股定理是互逆关系，进而也理解了原定理、逆定理、原命题、逆命题等数学概念，这时教师继续追问：如果一个原命题成立，那么它的逆命题成立吗？让学生举例说明，最后学生得出结论：一个原命题成立，它的逆命题不一定成立。事实上，对于原定理、逆定理、原命题、逆命题等数学概念，学生是比较容易理解的，在得出勾股定理的逆定理后，让学生将其作为"副产品"来探究发现，既保证了本节课的重点，又节约了时间，提高了教学效率。

（四）定理应用

问题：请判断，由 a、b、c 组成的三角形是不是直角三角形？$a = 15$、$b = 8$、$c = 17$；$a = 11$、$b = 13$、$c = 12$。

解析：$\because 15^2 + 8^2 = 225 + 64 = 289$，$17^2 = 289$。$\therefore 15^2 + 8^2 = 17^2$，即这个三角形是直角三角形。

$\because 11^2 + 12^2 = 121 + 144 = 265$，$13^2 = 169$。$\therefore 11^2 + 12^2 \neq 13^2$，即这个三角形不是直角三角形。

巩固练习：下面以 a、b、c 为边长的三角形是不是直角三角形？如果是，那么哪一个角是直角？如 $a = 25$、$b = 20$、$c = 15$；$a = 13$、$b = 14$、$c = 15$；$a = 1$、$b = 2$、$c = \sqrt{3}$；$a:b:c = 3:4:5$。

教师提问：像 25、20、15 能够成为直角三角形三条边长的三个正整数，我们称之为勾股数。大家见过哪些勾股数？

教师介绍勾股数的历史：我国古代数学和天文著作《周髀算经》中记载的"勾三、股四、弦五"就是最简单的一组勾股数，即 3、4、5，这是人们发现最早的一组勾股数。勾股数有无数组。经研究发现，距今大约 3000 年前，古巴比伦人留下的一份数学手稿(古巴比伦数学泥板书)中记载了下面15组勾股数：119，120，169；3367，3456，4825；4601，4800，6649；12709，13500，18541；65，72，97；319，360，481；2291，2700，3541；799，960，1249；481，600，769；4961，6480，8161；45，60，75；1679，2400，2929；161，240，289；1771，2700，3229；56，90，106。三千年前的古人能取得如此辉煌的成就，非常令人惊讶、崇敬。

设计意图：巩固勾股定理的逆定理，对学生渗透数学文化，使学生感受古人的智慧。

(五)本课小结

教师请学生谈谈自己的收获：勾股定理的逆定理，它的作用是什么？我们是用什么方法证明这个定理的？什么叫作互逆命题、原命题与逆命题？什么被称为互为逆定理？

(六)课后作业

课本第34页：习题17.2中的第1题、第4题、第5题。练习册：第一课时 A（B 组选做）。

(七)达标测评

1. 三角形三边长 a、b、c 满足条件 $(a+b)^2-c^2=2ab$，则此三角形是(　　　)

A 锐角三角形　　　B 直角三角形　　　C 钝角三角形　　　D 等边三角形

2. 已知 $\triangle ABC$ 的三边长为 a、b、c 且 $a=m^2-n^2$，$b=2mn$，$c=m^2+n^2$，（$m>n$，m、n 是正整数）则此三角形是直角三角形吗？请说明理由。

3. 已知：如图 7.10，四边形 $ABCD$ 中，$\angle B=90^0$，$AB=3$，$BC=4$，$CD=12$，$AD=13$，求四边形 $ABCD$ 的面积。

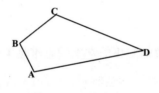

图7-10　四边形$ABCD$

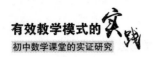

五、课后反思提升

（一）探究"问题—探究"

本节课的核心是"问题—探究"。探究的本质是对"未知"不懈地"追问"，通过对问题的不断解决和"追问"，探究未知的数学世界，这既符合数学知识本身发展的规律，也符合学生个体心理发展的规律。探究学习可以是有意义的，也可能是机械的。探究式学习有时也被人们称为"问题导向式"学习，因此"数学问题"往往被视为探究式学习的核心。没有问题的思考不是真正的思考，没有思考的探究不是真正的探究。

（二）营造浓郁的数学文化

本节课多次渗透了数学史的内容——古埃及确定直角的方法、中国的《周髀算经》、古巴比伦的数学泥板书，旨在让学生了解数学发展史，通过数学家趣味故事和探究过程，激发学生学习数学的兴趣，提高学生们的创新意识，将数学知识转化为趣味的知识并提升要点，让学生更好地掌握。

（三）熟练运用多媒体

教师应最大限度地发挥多媒体的作用，努力做到教室电子白板使用常态化，挖掘常规媒体不能达到的效果，动态地、多角度地演示知识点，为学生畅游数学世界添砖加瓦。

（四）给学生思考的时间和空间

课堂上经常会出现这种情况：教师在黑板上刚写完题目，没等学生把条件和结论弄清楚，就开始头头是道地分析起来，或者没等学生充分思考就开始提问，这剥夺了学生思考的时间与空间，这种做法是用教师的思考和被提问同学的思考填补其他同学的思考，破坏了多数学生思考的自主性、独立性，长期下去有碍于学生的思维发展。教师要相信学生的思维是丰富多彩的，他们的奇思妙想，教师可能始料未及。教师要学会倾听，让学生把话讲完，不要扑灭学生思维的"火花"，尊重学生的思考过程，敢于挑战自我，不怕"挂黑板"、丢面子。教师尊重学生的思考过程,还要有耐心,学会等待,注意推迟判断,不能图省事,把结果"抛"给学生。教师必须要给学生更多的独立思考时间和空间,"重结果,轻过程"不可取。

(五)转变教师的角色

教师要把学生看成发展中的人,关注学生全面和谐的发展,每个学生都有发展的潜力。数学教育的最终目的是育人,教师应利用数学的学科特点提高学生的数学素养,为学生的全面发展奠定基础。课堂教学中,学生是"演员",教师要让每个学生展现出不同的角色,提出自己不同的观点;教师是"导演",要适时关注学生的数学水平,关注每个学生的活动变化和最近发展区。这就要求教师掌握数学定理、公式和习题的背景,做到心里有数,使教学真正落实到培养学生的数学素养和创新能力上。

"等腰三角形"教学设计与反思

现实生活中，等腰三角形的应用比比皆是，利用"轴对称"的知识进一步研究等腰三角形的特殊性质，不仅是现实生活的需要，而且能从思想方法和知识储备上为今后研究四边形和圆的性质打下坚实的基础。"两个底角相等"是等腰三角形几何论证过程中的重要方法之一，"等腰三角形底边上的高、中线和顶角的平分线重合"的性质是今后证明"两条线段相等""两条直线互相垂直""两个角相等"等结论的重要理论依据。

一、教学内容解析

（一）教学内容

等腰三角形的性质：等腰三角形是指至少有两边相等的三角形。相等的两条边称为这个三角形的腰，另一边叫作底边。两腰的夹角叫作顶角，腰和底边的夹角叫作底角，等腰三角形两个底角度数相等。等腰三角形的重心和垂心都位于顶点向底边的垂线，垂线可以把等腰三角形分成两个全等的直角三角形。

（二）教学内容解析

本节课内容属于课程标准中"图形与几何"领域"图形的性质"的相关内容。这一节课主要学习等腰三角形"等边对等角"及"底边上的高、底边上的中线、顶角的平分线互相重合"的性质，是后面学习等边三角形和直角三角形的重要的预备知识，并为证明两个角相等、两条线段相等或垂直提供了方法。另外，从本节课开始,教师应重点训练学生学会分析命题的证明思路,培养学生的逻辑推理能力。因此,这一节课无论在知识上还是对学生能力的培养上,都有十分重要的作用。

本节在探究两个三角形全等的条件及轴对称性质的基础上,进一步认识特殊的轴对称图形——等腰三角形。教学过程中,教师通过动手操作、猜想等腰三角形的性质,再利用全等三角形的知识予以证明,使推理与演绎推理有机结合起来,为学生提供实验、猜想、验证、归纳、应用等显性化的机会。

基于以上分析,确定本节课的教学重点:探索并证明等腰三角形的性质。

二、教学目标解析

(一)教学目标

1.探索并证明等腰三角形的两个性质。

2.能利用等腰三角形的性质证明两个角相等或两条线段相等。

3.结合等腰三角形性质的探索与证明过程,体会轴对称在研究几何问题中的作用。

(二)目标解析

达成目标1的标志:学生通过剪纸做出等腰三角形这一过程,猜想等腰三角形的两个性质,验证并归纳性质,用文字语言、符号语言、图形语言准确描述性质。

达成目标2的标志:学生在动手操作、猜想验证、性质证明、例题分析的过程中,积累了相应的探究图形性质的活动经验,在此基础上借助教师引导、小组互助,会利用性质解决相关问题。

达成目标3的标志:学生借助对折的过程,进一步得到等腰三角形是轴对称图形的结论;结合等腰三角形第2个性质的验证过程,得出等腰三角形底边上的中线或顶角平分线或底边上的高就是折痕;学生能借助轴对称发现等腰三角形的性质,积累证明两个角、两条线段相等问题的经验。

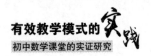

三、教学问题诊断

学生在小学阶段已学过等腰三角形的有关知识，并且已经通过折纸从轴对称的角度发现和感知这一性质。但对于性质的证明，既要求学生具有一定的符号语言表达能力，又要求学生具备一定的逻辑推理能力。八年级学生刚刚由实验几何过渡到验证几何，在符号语言表述、推理验证方面都缺乏解决问题的基本方法。为此，教师可以先带领学生复习证明几何命题的步骤，然后在两个性质的证明过程中引导学生把几何图形与文字语言相联系，使学生切实掌握文字语言、符号语言和图形语言互译的技能。

基于以上分析，确定本节课的教学难点：用文字语言叙述的几何命题的完整证明过程（包括辅助线的添加）；对等腰三角形"三线合一"性质的证明和运用。

四、教学支持条件

根据本节课教材内容的特点，为了更直观、形象地突出重点、突破难点，教师在课前预留剪纸作业：借助彩纸和剪刀，按要求剪一个等腰三角形，并提前录制精致的小视频（含解说和配乐）在课上播放，在此基础上再对等腰三角形纸片进行探究。本节课选用外接实物投影仪，及时展示学生的答题情况并进行对比分析。充分利用平板电脑对本课进行巩固练习，这既节约时间，又能快速反馈学生的答题情况，教师可以根据统计结果，及时补充相关知识，梳理解题规律方法，并为学生提供答案解析，助力学生自我纠错。

五、教学策略分析

依据教学目标、学生的特点、教学时间、教学效率等要求，本课教学方法和教学模式的设计中主要采用以下设计思想和策略：一是回归学生主体，根据学生的学习活动情况和当堂的反馈安排教学过程。二是原则性和灵活性相结合，预设与生成相结合,教师既要完成教学计划,在教学过程中又可以根据现实的情况,设计问题的难度,引导学生主动探究。

六、教学过程设计

（一）导入新课

教师提出问题:你剪出的三角形具有什么特点?

师生活动:课前预留作业,请学生按如下要求在家剪彩纸。课上播放学生代表剪纸过程的视频。（板书课题）等腰三角形。导入新课——等腰三角形。

设计意图:教师课前引导学生制作学具,通过观察剪纸的操作过程,结合剪出的图形抽象归纳出等腰三角形的特点,从而导入本节新课,使学生体验从具体到抽象的过程。

（二）探究新知

教师:等腰三角形的定义是什么?

等腰三角形定义:有两条边相等的三角形叫作等腰三角形。

教师带领学生认识等腰三角形的各要素并理解符号语言:

$\because$ 在 $\triangle ABC$ 中,$AB = AC$,$\therefore$ $\triangle ABC$ 是等腰三角形。

设计意图:尽管学生在小学阶段已学习过等腰三角形的定义,但在教学过程中教师应唤醒学生已有的学习经验,形成图形（概念）后再进行探究,体现初中阶段数学学习的意义与价值,使学生形成符号意识。

教师提出问题:把等腰三角形 ABC 沿折痕对折,你能找出其中重合的线段和角吗?

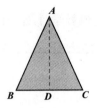

图 7-11 等腰三角形 ABC

教师利用大屏幕列表展示学生的猜想：

重合的线段	重合的角
$AB = AC$	$\angle B = \angle C$
$BD = CD$	$\angle BAD = \angle CAD$
$AD = AD$	$\angle ADB = \angle ADC$

教师结合学生的回答进一步追问：由这些重合的线段和角，你能发现等腰三角形的哪些特点？学生在教师的引导下提出猜想：等腰三角形的两个底角相等；等腰三角形的顶角平分线、底边上的中线、底边上的高线互相重合。

师生活动：学生通过观察等腰三角形纸片，在教师的引导下对等腰三角形的性质进行大胆的猜想，从折叠的角度引导学生寻找重合的线段和角，进而发现等腰三角形底边上的高线、中线和顶角的角平分线都落在折痕处，这三条线互相重合。

设计意图：学生借助自己亲手制作的学具，展开探究活动，通过观察、思考、猜想、交流的过程，教师逐步引导学生体会研究几何图形的基本思路，逐步提高学生发现问题、提出问题的能力。

教师提出问题：大家手中的三角形纸片形状不同、大小不等，是不是所有等腰三角形都具有这些特点呢？如何证明这一猜想？

师生活动：学生提出猜想后，教师引导学生用多种方法来验证他们的猜想，进而总结出性质。

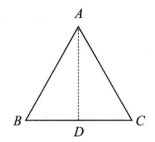

图7-12　三角形ABC

教师追问:还记得怎样进行几何命题的证明吗?请按步骤完成猜想的证明。

预设:学生在问题解决的过程中可能出现的方法有:

方法1:作∠BAC的平分线AD,利用全等三角形的判定得到△$ABD ≅ △ACD$,得到∠$B = ∠C$。

方法2:作底边BC的中线AD,利用全等三角形的判定得到△$ABD ≅ △ACD$,得到∠$B = ∠C$。

方法3:作底边BC的高AD,利用全等三角形的判定得到△$ABD ≅ △ACD$,得到∠$B = ∠C$。

师生活动:找一位学生板书其中一种方法的全部证明过程,其他学生在学案上完成。然后请板书的同学分析,教师加以补充,学生再次受轴对称启发添加辅助线,构造全等三角形。然后利用外接便携实物投影展示两位不同学生解决问题的方法并进行交流,教师和学生一起梳理辅助线的添加方法,引导学生分析性质1的应用,得到证明角相等的又一种方法。

性质1:等腰三角形的两底角相等。(简写:等边对等角)

用符号语言表示性质1:∵ $AB = AC$,∴ ∠$B = ∠C$。

设计意图:教师追问是否所有等腰三角形都具有这样的特点,这渗透了由特殊到一般的思想。验证等腰三角形的两底角相等,结合问题及追问引导学生发现问题后,由已知、求证及问题分析的思路,使学生进一步体会等腰三角形要素(边和角)之间的关系,形成符号意识。学生通过从折纸的过程中得到启发,

找出通过添加与折痕有关辅助线的方法验证探究活动中的猜想,在此基础上为后续猜想的验证(性质2)提供重要依据,在探究、验证过程中,潜移默化地引导学生由实验几何过渡到验证几何,由归纳推理发展到演绎推理,培养学生的反思意识并积累解题方法。

教师提出问题:性质1的证明除了能得到∠B = ∠C,你还能得到哪些相等的线段和相等的角?

教师预设,学生在进行问题解决的过程中可能出现的回答:(假设板书的同学添加的是底边上的中线,以这个证明过程为例)

回答1:∠BAD = ∠CAD(AD是角平分线)。

回答2:∠ADB = ∠ADC(AD是高线)。

教师追问:对比猜想,你发现了什么?

预设,学生可能会发现:

回答1:猜想已经证出来了。

回答2:黑板上的证明过程是不是需要修改?(将已知添加 $BD = CD$,去掉原辅助线的板书;将求证改成:∠BAD = ∠CAD,∠ADB = ∠ADC;将虚线 AD 改成实线)

其他两种方法只要仿照上述过程修改即可。

教师板书等腰三角形的性质2:等腰三角形的顶角平分线、底边上的中线、底边上的高互相重合。(简写成:三线合一)

教师结合课件及板书引导学生总结符号语言,并追问:怎样理解三线合一呢?(符号语言:知一线得两线)

∵ $AB = AC$, $AD \perp BC$, ∴ ∠_____ = ∠_____ , _____ = _____ 。

∵ $AB = AC$, $BD = DC$, ∴ _____ ⊥ _____ , ∠_____ = ∠_____ 。

∵ $AB = AC$, ∠$BAD = ∠CAD$, ∴ _____ ⊥ _____ , _____ = _____ 。

师生活动:引导学生在证明等腰三角形性质1的基础上对性质2加以补充证明,证明过程中充分发挥教师的主导作用,着重分析命题的含义,并指出"三方面"的含义。明确符号语言的已知和求证,对于证明过程让学生只做思考,然后以填空的形式写出性质 2 的符号语言,并揭示性质的本质和应用(知一线得两线),得到证明角等、线段等、垂直关系的新方法。

设计意图:在教学过程中,教师应根据实际的情况设计问题的难度,体现教学的灵活性。借助等腰三角形性质 1 的证明过程引入性质 2 的证明,启发学生思考、补充、完善,从而化解难点。增强学生的符号意识,并在化解难点的过程中培养学生的演绎推理和归纳能力。

教师提问:由等腰三角形性质 2 的证明得到折痕两旁的三角形全等,再次验证等腰三角形是轴对称图形,请大家结合等腰三角形性质 2 描述等腰三角形的对称轴。

预设可能的回答有:底边上的中线、高线,顶角平分线(没有说明直线)。底边上的中线、高线,顶角平分线所在的直线。折痕所在的直线。

设计意图:学生借助证明全等,进一步得到等腰三角形是轴对称图形的结论。结合等腰三角形性质 2 的验证过程,得出底边上的中线或顶角平分线或底边上的高所在直线是它的对称轴,进一步提高学生借助几何图形描述问题的能力。

(三)经典例题分析

例题:在 $\triangle ABC$ 中,$AB = AC$,点 D 在 AC 上,且 $BD = BC = AD$。求 $\triangle ABC$ 各角的度数。

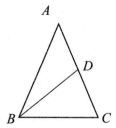

图7-13 三角形 ABC

师生活动：请学生独立完成，并展示学生代表的答案；教师点评并引导学生归纳思路。

解析：$\because AB = AC, BD = BC = AD, \therefore \angle ABC = \angle C = \angle BDC, \angle A = \angle ABD$。

（等边对等角）设$\angle A = x$，则$\angle BDC = \angle A + \angle ABD = 2x$，从而$\angle ABC = \angle C = \angle BDC = 2x$，于是在$\triangle ABC$中，有$\angle A + \angle ABC + \angle C = 180°$。

即$x + 2x + 2x = 180$，解得$x = 36$，在$\triangle ABC$中，$\angle A = 36°$，$\angle ABC = \angle C = 72°$。

分析：此题没有给出具体的角的度数，我们从所求角出发，将其设为x，并根据三角形的内角和定理、外角性质、等腰三角形的性质等知识寻找题目中角的关系，再用x表示其他未知角，然后列方程求角度。

教师提问：你还可以设其他角为x吗？

设计意图：教师根据学情，逐步引导学生运用等腰三角形的性质解决问题，综合运用三角形内角、外角等知识解决问题，并归纳方法、积累经验。

（四）巩固新知

1. 在$\triangle ABC$中，$AB = AC$，$\angle A = 40°$，则$\angle B$的度数是（　　　）

2. 在等腰三角形中，如果一个角为$30°$，则另两个角的度数为（　　　）

3. 在$\triangle ABC$中，$AB = AC$，$\angle BAC = 100°$，点D是BC的中点，则$\angle BAD$的度数是（　　　）

4. 如图7.14，在$\triangle ABC$中，$AB = AD = DC$，$\angle BAD = 26°$，则$\angle C$的度数是（　　　）

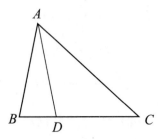

图7-14　三角形ABC

设计意图：巩固对等腰三角形性质的掌握，学生需要综合运用等腰三角形、三角形内角和的知识，借助分类讨论、建立方程等确定等腰三角形的内角度数。学生可借助平板进行扫码，在移动终端答题，实现个性化学习，教师可为学生提供答题解析，帮助学生自己解决问题，即时统计答题结果，针对存在的问题及时反馈，使课堂更有效。

（五）课堂小结

教师总结：这节课学习了等腰三角形的哪些知识？等腰三角形性质的研究思路是什么？

师生活动：从学习内容、解题方法、研究方法方面进行概括总结，进一步引导学生体会证明线段相等或角相等的方法。

设计意图：教师借助课堂小结，引导学生在全等三角形证明对应线段、对应角相等方法的基础上，把握本节课的核心——等腰三角形的性质，拓展解决此类问题的方法，把握事物之间的关联，形成几何图形的研究方法，养成反思归纳的思维习惯。

七、课后反思提升

（一）从动手实验开始，体验从具体实例到抽象数学的过程

教师在课前预留了剪纸作业，引导学生沿折痕对折纸片观察后抽象出等腰三角形特点，自然导入新课。然后教师再次对折纸片，让学生找出重合的线段和角，并进行猜想，进而发现等腰三角形的两个特征。这些设计旨在让学生在动手操作中思考，在思考中发现问题，提高学生发现问题、提出问题的能力。最后同组交换纸片观察，猜想所有等腰三角形是否都具有刚刚提出的特征，这样渗透从特殊到一般的数学思想，并自然而然地进入下一个环节。

（二）重视归纳验证，经历由实验几何到验证几何的过渡

验证等腰三角形性质1时，引导学生从折纸的过程中得到启发，找出通过添加与折痕有关的辅助线的方法，验证探究活动中的猜想，并引导学生在证明

性质1的基础上,对性质2加以补充、证明。在整个过程中,让学生由实验几何过渡到验证几何,由归纳推理到演绎推理,逐步形成重论据、有条理、合乎逻辑的思维品质,并养成反思归纳的学习习惯。

(三)强化符号语言,建立符号意识,用数学语言表达思考和结论

首先,引导学生认识等腰三角形的各要素,然后用符号语言描述等腰三角形,初步形成符号意识。其次,学生对等腰三角形性质1的证明,用文字语言叙述的几何命题的证明,包括了证明几何命题的完整过程。证明中要求学生必须有一定的符号语言表达能力,所以在证明等腰三角形性质1之初,教师先带领学生复习了证明几何命题的步骤,然后在两个性质的证明过程中,引导学生把几何图形与文字语言相联系,熟练地将文字语言、符号语言和图形语言相互转化。

由于学生的认知经验不足,对等腰三角形性质2的理解容易出现错误,所以引导学生在等腰三角形性质1的基础上,对性质2用符号语言、图形语言加以完善并准确描述,且以填空的形式让学生写出等腰三角形性质2的符号语言描述,着重启发学生将等腰三角形的性质2分解成三个命题。学生通过这一系列的活动,能够深刻体验出使用符号可以进行推理,得到的结论具有一般性。

(四)尊重学生主体,注重问题引领和学会学习

本课注重回归学生主体,根据学生的学习活动和当堂的反馈安排教学。在实验、猜想、证明等环节,均遵循以学生为主的理念,学生在自主合作中观察、猜想、表达。教师适时设问、追问,引发学生由直观猜想逐步转向理性思考、严谨论证。在巩固运用环节,通过学生展示和教师点拨引导,帮助学生积累解决相关问题的思路与方法。

(五)借助信息技术,助力知识吸收消化

本节课选用触控黑板,触屏书写和粉笔书写相结合,并外接便携实物投影仪,可及时展示多位学生的答题情况并进行对比分析,突出重点、实时互动。

等腰三角形作为生活中常见的图形,教师通过生活中看得见、摸得着的教

学工具,引导学生自己创造学习道具,通过对学习道具的分析,掌握学习的主动权,进而提出自己的设问。学生在这种充分融合了知识点的学习情境中学习,能够对知识点灵活应用。

"正比例函数"教学设计与反思

学习正比例函数时，学生的数学思维方式会发生重要转折，即思维从静止走向运动，从离散走向连续，从运算走向关系，因此建立这种数学思想的过程是很慢的。学习正比例函数时，教师要给学生提供丰富的情境，让学生通过具体问题，在具体情境中认识成正比例的数量，初步感受生活中存在很多成正比例的数量关系；让学生通过观察、比较、分析、归纳等数学活动，自主发现正比例的变化规律，理解正比例的意义。

函数是中学数学教学中非常重要的内容，是刻画和研究现实世界变化规律的重要模型。正比例函数是一次函数的特例，也是初中数学中最简单、最基本的函数，突破正比例函数的学习才能为后面学习一次函数打下基础。为此，教师应在教学中通过设置问题，引导学生观察探索，让学生在学习过程中感悟函数思想，从而激发学生学习函数的信心和兴趣。

一、精准分析教材

（一）教材的地位与作用

"正比例函数"是数学九年制义务教育新课程标准实验教科书八年级上册第十四章"一次函数"第二节第一课时的内容。在此之前，学生已学习了平面直角坐标系，掌握了函数等概念，知道了函数的3种表示方法等基本知识。本节课巩固了利用描点法画正比例函数图像的方法及对图像进行观察、分析，为后面学习一次函数的图像以及反比例函数打下良好基础,具有承上启下的重要作用。教师不仅要传授学生数学知识,更重要的是传授给学生数学思维和方法,因此在本节课的教学过程中,教师应力图让学生主动感知正比例函数的图像,这对于培养学生观察、归纳的数学习惯,体会数形结合的数学思想有重要作用。

(二)教学目标

根据学生已有的认知基础、教材内容和课程标准,确定本节课的教学目标。

知识技能:理解正比例函数的概念,会画正比例函数的图像,并且能判断两个变量是否构成正比例关系。

过程与方法:运用"列表法"作出正比例函数图像,培养学生运用正比例函数解决简单数学问题的能力;分析图像,培养学生的观察能力、概括能力,初步认知数学建模思想及数形结合思想。

情感态度与价值观:结合描点作图,培养学生认真、细心、严谨的学习态度和学习习惯。通过正比例函数概念的引入,使学生进一步认识数学是由于人们需要而产生的,与现实世界密切相关,数学来源于生活并作用于生活。

二、熟知教学重难点

教学重点:理解正比例函数意义及解析式特点;掌握正比例函数图像的性质特点。

教学难点:探索、发现正比例函数的图像特征。

三、进行学情分析

在这节课之前,学生已经掌握了平面直角坐标系中的一些基本知识,理解了常量、变量的基本概念,知道了画函数图像的步骤。因此,对于本节课新知识学习比较容易。但对于部分初中生来说,学生基础较差,逻辑思维能力还需要进一步练习,在做题规范性方面也需加强。

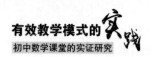
四、教学策略方法

（一）教学方法

问题引导法：利用学生描点作图，使学生在亲身经历中体验并发现问题、分析问题，进一步归纳总结。

直观演示法：利用多媒体现代教学手段实施教学，体现直观性，使抽象的概念具体化。

（二）学法指导

通过本节课的教学，教师引导学生学会观察图像、分析材料、归纳的学习方法，培养探究、自主合作的学习能力。

（三）教学手段

利用多媒体辅助教学和导学案，可加大一堂课的信息容量，有利于提高学生的学习兴趣。

五、分析教学过程

（一）创设情境，建立模型

教师用多媒体展示候鸟的画面，然后提出问题：1996 年，鸟类研究者在芬兰给一只候鸟套上标志环。128 天后，在 25600 千米外的澳大利亚发现了它。小鸟大约平均每天飞行多少千米？这只候鸟的行程与时间之间有什么关系？这只候鸟飞行一个半月的行程大约是多少千米？

通过学生感兴趣的"候鸟飞行路程问题"建立数学模型，为导出正比例函数做铺垫，同时激发学生的学习兴趣，让学生在轻松的环境进入新课的学习。

（二）正比例函数的概念

教师先让学生完成课本的思考题，让学生分组讨论所得答案中的函数表现形式有什么特征，然后让各组选出代表用字母概括出正比例函数的一般形式。教师对学生的答案进行归纳总结，在此基础上得出正比例函数的概念并对函数的特征进行强调。通过归纳分析使学生明白正比例函数的特征，理解其解析式的特点，培养学生归纳比较的能力，体会从特殊到一般的数学思想。

（三）探究图像及性质

问题1：我们知道了怎样用解析式表示正比例函数，能否用图像来表示正比例函数呢？怎样在直角坐标系中画出正比例函数的图像？

教师引导学生正确画图、积极探索、总结规律、准确表述。学生利用描点法正确地画出两个函数的图像，在教师的引导下完成对函数变化规律的探究，了解正比例函数图像的特点及函数变化的规律，学生自己动手、动口、动脑，经历规律发现的整个过程，从而加深对规律的理解与认识，提高分析问题的能力及学习兴趣。另外，几何画板的动态演示能够调动学生的积极性，清晰地展现了函数的规律与特点。

问题2：经过原点与点$(1, k)$的直线是哪个函数的图像？画正比例函数的图像时，怎样画最简单？为什么？

教师引导学生从正比例函数图像特征及关系式的联系入手，寻求转化的方法，使学生从几何意义上理解分析正比例函数图像的简单画法。通过这一活动，让学生利用正比例函数图像特征与解析式的关系，完成由图像到关系式的转化，进一步理解数形结合思想的意义，并掌握正比例函数图像的简单画法及原理。

（四）巩固应用

1. 擂台赛。全班同学分成攻、守两个小组。攻方出招，写出一个正比例函数解析式。守方接招，说出这个函数的图像特征。教师指导学生分组，制定规则，给出模板（让学生有抓手、有方向）。学生摆脱了束缚，能够在自由开放的精神状态下，巩固所学知识，品尝成功的喜悦。

2. 练习。教师精选能够有效巩固本节知识点的练习题，加强学生对知识的熟悉程度，使学生真正学会知识点，并懂得在之后的学习过程中灵活应用。

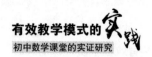

（五）课堂小结

本节的收获，先由学生针对在本节课的学习中所产生疑惑进行总结，教师针对学生的收获和疑惑，进行启发性的补充。教师总结：关于这节课还有不明白的地方吗？如果有请提出来，让老师和同学帮你解决。

让学生参与小结并允许学生答案不同，可以增强学生学习的积极性和主动性，培养他们对所学知识的回顾、思考习惯。通过小结也能够强调本节课的重点，巩固学习内容。

六、教学反思提升

本节内容是在学生学习了变量和函数的基础上进行的，所以教师选择用"建立数学模型—导入正比例函数的概念—探究正比例函数图像—小结、练习"这样循序渐进的教学流程。由于本节课内容概念性强，采取通过学生熟悉的行程问题来导入正比例函数的概念，学生易于接受。本课不是直截了当地进行介绍、灌输，而是通过活动把学生带入主动探索中来，引导学生动手画图、观察、分析、归纳，极大地激发了学生的学习兴趣。教学中通过学生主动地参与使难点得到较好的解决，再结合实例，更加深了学生对定义的了解和掌握，收到了事半功倍的效果。

在教学设计时，教师注重引导、指导和示范，如在概念讲解时书写必要的板书，画图象时进行示范，对关键之处的启发、点拨和讲解，还有教师与学生、学生与学生的互动等，这既有利于学生对概念的理解，也有利于培养学生的学习能力和学习习惯。

本节课的探究方法由表及里，从特殊到一般，逐步揭示本节课的内容本质。新课改理念中提出，教学贵在"重过程"。为此，探究环节是一节课的核心，教师要追求高效的数学课堂，发展每位学生的数学思维能力，就必须让学生成为探究问题的主人。本设计力图不错过发展学生思维的每一个环节，精心设计每一个探究问题，将探究融入教学过程，充分运用信息技术，凸显学生的个性和闪光点。

　　教师通过课后反思，发现本课还有以下几个可提升的地方：一是学生的基础知识相对薄弱。二是在语言表述方面，学生的语言不够准确，在以后的教学过程中教师应注意不断地纠正和规范。三是教师应更加深入地挖掘教材中隐含的教学资源，渗透数形结合的数学思想。四是教师的预设和生成有明显的差距，教师应反思自己的课前准备的不足之处，有些地方没有充分考虑学生的具体情况，导致重难点突破时（也就是探究性质的过程）没有淋漓尽致地体现教学设计的意图。所以，如何有效地进行教学预设，是需要今后努力研究的课题。

　　正比例函数问题是数学教学的基础转折性问题，必须受到教师和学生的重视。教学设计的重点在于教学效果的提升。较好地衔接之前的知识要点，能够为之后的学习奠定良好的基础。

"网格问题初探"教学设计案例分析

网格问题是初中数学中的一个新课题,它是平面直角坐标系的一种延伸,但更具直观性和可操作性。网格问题包罗万象,不仅可以跟初中数学的许多知识相结合,还可以跟我们的生活实际相结合。

一、教学内容及解析

教学内容:运用网格进行作图和计算。掌握网格构图的作图方法,利用网格分析图形,为下一阶段的学习打好基础。

教学内容解析:以网格为背景的探究性问题,可以使得图形问题充满趣味又不失数学味道,简简单单的小网格,在数学知识的统领下,指引着我们不断地去探寻数学的奥秘。网格作图问题历年来都是天津中考考查的热点问题,其立意新颖、综合性强,但学生普遍感到困难,得分率较低。对于条件不具优势的农村学校来说,学生从知识基础到解题技巧都有待提高。本节课首先要从最基本的网格作图开始,教师带领学生在网格中学会利用数学知识和无刻度的直尺作图,然后再解决较综合的网格问题,进而归纳出网格问题的基本解法:数格法、计算法、等积变形法、构造法等。

基于以上分析,本节课的教学重点:学会利用网格作平行线、垂线、等分线段等基本操作,并在此基础上对中考题进行思考和探究。

二、教学目标解析

（一）教学目标

1. 了解网格的基本功能，学会利用网格作平行线、垂线、等分线段等基本操作。

2. 学会解决有一定难度的网格问题的方法，顺利解决中考题中的网格问题。

（二）目标解析

达成目标 1 的标志：学生会利用网格结合相似、全等、平行等数学基础知识，借助无刻度的直尺，作平行线、垂线、等分线段等。

达成目标 2 的标志：本节课选取了相对比较容易的、中档难度的网格题和一道 2017 年天津中考题。学生能够在具备网格作图技巧和适应基本的网格问题思考方式的基础上画出图形，并思考问题的实质。

三、教学问题诊断

2017 年，天津市数学中考试题第 18 题第（Ⅱ）小题以网格为载体展开。其既考查了学生利用网格，综合运用数学知识解决问题的能力，又锻炼了学生有效运用数学语言进行精准表述的能力。这样的问题具有较高的思维含量，对提升学生的思维能力和表达能力大有裨益。

基于以上分析，本节课的教学难点：了解网格作图的原理，掌握利用网格，综合运用数学知识解决问题的能力。

四、教学支持条件

根据本节课教学内容特点，为了直观、形象地突出重点，突破难点，教师利用几何画板充分展示图形的平移、旋转等动态过程，绘制网格图，变抽象为直观，加深学生的学习印象，降低学习难度。

五、教学过程设计

(一)认识网格

1.网格具备什么特征?位置特征:平行线、垂线;数量特征:等长线段;图形特征:口、日、田等(特别强调:这些特征能赋予图形一些特殊关系,进而使图形的几何性质得以特殊化、数量化)。

2.能用网格做什么?作平行(利用平移);作垂直(利用旋转),进一步可作平行四边形、矩形、菱形、正方形;等分线段(利用 A 字型或 X 字型);作等角(利用三角函数);作部分无理线段;"格点线段"的长及"格点多边形"的面积都可求;利用位似的方法可将图形进行缩放;作对称点……

(二)基本作图

1.根据图 7.15,选取格点 A,B,C,过点 C 作线段 AB 的平行线。

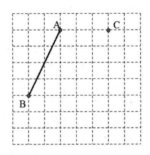

图7-15　网格图

2.根据图 7.16,选取格点 A,B,过 B 作线段 AB 的垂线。

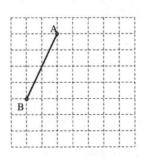

图7-16　网格图

3. 根据图 7.17，选取格点 A，B，作线段 AB 的中垂线。

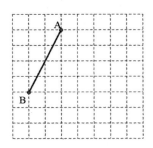

图7-17 网格图

数格法：利用旋转、平移等变换构造全等或相似，进一步可作平行四边形、矩形、菱形、正方形。

4. 根据图 7.18，请将线段 AB 平分，并在线段 AB 上画出一点 P，使得 $AP{:}BP = 3{:}4$。

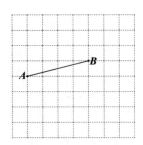

图7-18 网格图

方法 1：（构造 X 字型）取格点 C，使 $AC = 3$，取格点 D，使 $BD = 4$。连 CD 交 AB 于点 P，点 P 即为所求。

方法 2：（构造 A 字型）取格点 C，使 $AC = 7$，取格点 D，使 $AD = 3$，连接 BC，过 D 作 $DE /\!/ BC$，交 AB 于点 P，点 P 即为所求。

方法 3：如果格不够，可以缩小比例，不要增加格点，如图构造 X 字型，相似比为 1.5:2。

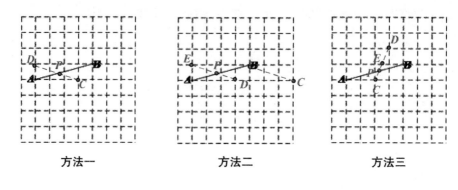

方法一　　　　　　　　方法二　　　　　　　　方法三

图 7-19　三种不同的解法

5. 请在下面的网格中任意画一条线段,端点是格点,并将它分成2:3两部分。

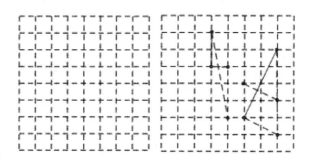

图7-20　学生做法

设计意图:通过以上5个基本作图的练习,让学生体会将全等、相似等数学知识运用到网格中的必要性,明确初中数学涉及的变换主要有:平移变换、旋转变换、轴对称变换、相似变换等。这类问题相对来说比较直观易解,关键在于抓住图形间的位置关系,熟悉各种变换的一般方法与步骤,血神一般都能解决。

(三)真题再现

2017 年天津市中考第 18 题:在每个小正方形边长为 1 的网格中,点 A,B,C 均在格点上。

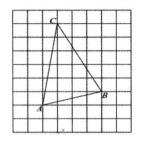

图7-21　网格图

（Ⅰ）AB 的长等于 _____ ；

（Ⅱ）在 △ABC 的内部有一点 P，满足 $S_{\triangle PAB}:S_{\triangle PBC}:S_{\triangle PCA} = 1:2:3$。在如图所示的网格中，请用无刻度的直尺，画出点 P，并简要说明点 P 的位置是如何找到的（不要求证明）。

分析：结合学生的做题总结三种思路。

解题思路 1：运用共边三角形的性质。

如图 a 所示，假定所求点 P 已作出，则点 P 需同时满足两个条件：① $S_{\triangle PAB}:S_{\triangle PBC} = 1:2$，② $S_{\triangle PBC}:S_{\triangle PCA} = 2:3$，不妨先放弃条件②，如图 b 所示，延长 BP 交 AC 于点 D，由同底的两个三角形的面积比等于高之比，结合相似三角形的性质可得 $S_{\triangle PAB}:S_{\triangle PBC} = AD : CD = 1:2$。这样，只要在 AC 作出点 D，使 AD:CD = 1:2，则满足条件①的点 P 都在 BD 上；同理，如图 c 所示，在 AB 上取点 E，当 BE:AE = 2:3 时，满足条件②的点 P 都在 CE 上。综上，BD 和 CE 的交点即为所求。

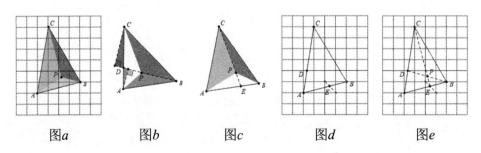

图a　　　　图b　　　　图c　　　　图d　　　　图e

图 7-22　运用等边三角形的性质

在网格中利用平行线分线段成比例定理和相似三角形的性质把线段按指定的比值分割,是学生解答用无刻度直尺在网格中作图的基本功。如图 d 所示作出点 D,点 E,连接 AE 和 BD,如图 e 所示,交点 P 即为所求。

解题思路二:等积变形。

由 $S_{\triangle PAB}:S_{\triangle PBC}:S_{\triangle PCA}=1:2:3$,易知 $S_{\triangle PAC}:S_{\triangle ABC}=1:2$ 取 AB 的中点 E,如图 f 所示,则 $S_{\triangle EAC}:S_{\triangle ABC}=1:2$。过点 E 作 $EF//AC$ 交 BC 于点 F,如图 g 所示,易知当点 P 在 EF 运动时,有 $S_{\triangle PAC}:S_{\triangle ABC}=1:2$。所以在 $\triangle ABC$ 内部,题目所求的点 P 一定在 EF 上;同理,如图 h、图 i 所示,分别作出 AB 和 AC 的三等分点 G、H,则所求点 P 一定在 GH 上。如图 j 所示,EF 和 GH 的交点即为所求。

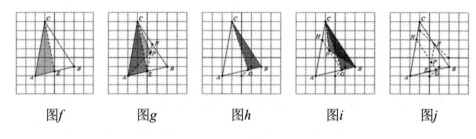

图f　　　　图g　　　　图h　　　　图i　　　　图j

图 7-23　等积变形

解题思路三:利用面积割补,先算后画。

建立如图 k 所示的坐标系,利用网格可求得 $S_{\triangle ABC}=4\times6-\dfrac{1}{2}\times4\times1-\dfrac{1}{2}\times6\times1-\dfrac{1}{2}\times3\times5=\dfrac{23}{2}$,由 $S_{\triangle PAB}:S_{\triangle PBC}:S_{\triangle PCA}=1:2:3$,可得 $S_{\triangle PAB}=\dfrac{1}{6}S_{\triangle ABC}=\dfrac{23}{12}$,$S_{\triangle PAB}=\dfrac{1}{2}S_{\triangle ABC}=\dfrac{23}{4}$。设点 $P(x,y)$,如图 l 所示,有 $S_{\triangle PAD}+S_{四边形PDEB}=S_{\triangle PAB}+S_{\triangle ABE}$,所以 $\dfrac{xy}{2}+\dfrac{(1+y)(4-x)}{2}=\dfrac{23}{12}+2$,整理得①$4y-x=\dfrac{23}{6}$;如图 m 所示,有 $S_{\triangle PAF}+S_{四边形PCGF}=S_{\triangle PAC}+S_{\triangle ACD}$,所以 $\dfrac{xy}{2}+\dfrac{(1+x)(6-y)}{2}=\dfrac{23}{4}+3$,整理得②$6x-y=\dfrac{23}{2}$.联立①、②,解得 $x=\dfrac{13}{6}$,$y=\dfrac{3}{2}$所以点 $P(\dfrac{13}{6},\dfrac{3}{2})$.利用网格进行如图 n 所示的构造,可得所求的点 P。

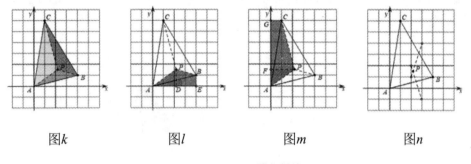

图k 图l 图m 图n

图 7-24　利用面积割补

解题思路一最接近学生的最近发展区，结合共边的两三角形高的比是两相似三角形的相似比，先找到符合使 $S_{\triangle PAB}:S_{\triangle PBC} = 1:2$ 和 $S_{\triangle PBC}:S_{\triangle PCA} = 2:3$ 所在的直线，两线相交即为所求。在平时教学过程中，学生熟知三角形中位线能将三角形分成面积相等的两部分，以此引申的三角形面积三等分，甚至 n 等分的方法。

解题思路二和解题思路一相仿，区别在于运用同底等高的三角形面积相等，得到 $\triangle ABC$ 面积的 $\frac{1}{2}$、$\frac{1}{3}$，再找到交点。

思路三在建立平面直角坐标系后，利用面积和方程，先算出 P 点的坐标，借助网格和相似三角形的性质，可确定点 P 的位置。

此题能提高学生利用网格综合运用数学知识解决问题的能力。题目以网格为载体，以学生熟悉的等分面积为问题，可帮助学生克服畏难情绪，增强解决问题的信心。本题的设计重视基础，注重通法，突出探究，能够有效地引导教师的教学。

（四）学以致用

1. 如图 7.25，将 $\triangle ABC$ 放在每个小正方形的边长为 1 的网格中，点 A、B、C 均在格点上。

（1）$S_{\triangle ABC} = $ _____。

（2）请你在网格中，用无刻度直尺，画一个以 AB 为底边的等腰 $\triangle ABP$，使

该三角形的面积等于△ABC的面积,并简要说明点P的位置是如何找到的(不证明)。

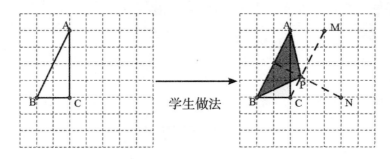

图7-25 网格图

2. 如图7.26,在每个小正方形的边长为1的网格中,点A、B、C均在格点上。

(1)AC = _____。

(2)在图中有一点P,若连接AP,PB,PC,满足AP平分∠A,且PC = PB,请在网格中,用无刻度直尺画出点P,并简要说明点P是如何找到的。

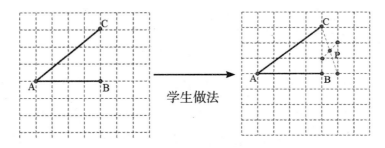

图7-26 网格图

3. 如图7.27,在每个小正方形的边长为1的网格中,点A、B、C均在格点上。

(1)AB = _____。

(2)请你借助网格和无刻度的直尺,作出一个以AB为边的矩形,使矩形的面积等于△ABC的面积,并简要说明你的作图方法。

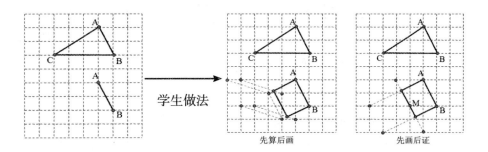

图7-27　网格图

（五）小结作业

网格问题的解题策略：利用网格特征，猜测或拼凑，然后再论证（先画后证）。去掉网格背景（但要保留特征与数据），还原题目的数学本质，研究通法（先算后画）。建立平面直角坐标系，用解析法（计算量大）。

如图，在每个小正方形的边长为1的网格中，点 A、B、C 均在格点上。

（1）$AB =$ _____。

（2）若 P 为线段 AB 上的动点，以 PC、PA 为邻边的四边形 $PAQC$ 为平行四边形，当 PQ 长度最小时，请你借助网格和无刻度的直尺，画出该平行四边形，并简要说明你的作图方法。

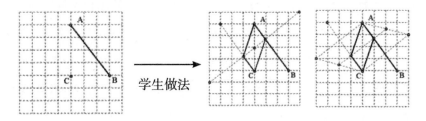

图7-28　网格图

六、课后反思

天津市近几年以网格为依托，借助无刻度直尺进行作图的试题特色，已成为数学中考的一大亮点，其主要考查学生利用网格综合运用数学知识解决问题

的能力。由于试题难度偏大、得分率偏低,被大多数教师忽视甚至放弃。然而,纵观近三年的网格问题,其设计上重视基础,注重通法,突出探究,能够有效地引导教学,对于农村校,教师更应该静下心来去研究这种题型的内涵和外延。网格教学研究可从以下角度切入。

（一）从学生现状出发,低起点缓步推进

首先让学生认识网格,从位置特征、数量特征、图形特征等方面让学生明白网格自身的特性赋予了图形一些特殊关系,进而使图形的一般几何性质得以特殊化、数量化。接着教师可以五道基本作图题为载体,让学生学会作平行（利用平移）,作垂直（利用旋转）,进一步可作平行四边形、矩形、菱形、正方形;等分线段（利用 A 字型或 X 字型）。

（二）从中考真题入手,针对性提高能力

师生一起探究中考真题,让学生体会教材原题、基本图形规律与中考网格题之间的联系,抓住问题的本质,学生的解题思路、分析能力会大大提高;另一方面,网格具有坐标的特性,学生可以根据图形特点及运算需要,在网格中任意建立坐标系,因此教师还可以引导学生体验先算后画的妙处。

（三）从总结通法着力,期待抛砖引玉

教师可以精选适合学生的几道网格问题,鼓励学生从多角度进行探究,在实践的过程中发现,部分学生能在短时间内通过探究,展现出不同水平、不同角度的问题解决方式（如练习第 3 题）,学生可以在很短时间内从"先算后画和先画后证"两个角度得到解决问题的方案,令教师倍感欣喜。有的学生在课后甚至每天都会与教师研讨网格问题。

（四）从网格功能审视,继续完善

考虑本节内容的独特性以及试题的难易程度,教师将本课设为 2 课时,并且 2 课时连着上,尽管如此,教学过程中还是有很多遗憾。如这节课由于时间关系只面对从网格作平行线、作垂直、等分线段这三个基本作图,对于利用网格作等角、作部分无理线段、将图形进行放缩等基本功能还没有深入和学生研究,在以后的教学工作中,应继续研究完善,期待网格问题被更多的师生悦纳,让富有魅力的小小网格发挥最大的育人功效。

课堂教学的模式改革速度快,花样新,正说明课堂教学改革的必要性、迫切性和重要性,其给数学教师提出了越来越高的课堂教学要求和挑战,尤其是新课程理念下的新教材的实践性、探索性、阅读性、研究性、学科渗透性等特点,强调数学活动过程与结论并重的要求,强调让学生经历知识的发现、探索、思考、归纳的生成与应用的过程,给教师教学设计增加了不小的难度。教学设计体现了教师对教学理念的理解,其中包括:掌握和运用课程标准的能力、理解和选择设计理念的能力、分析和调整教材的能力、了解和掌握学生的能力、制定教学计划的能力、编写教案的能力等。

教学设计的重点应放在师与生、生与生之间有效的互动上,应该放在如何更好地组织引导、激励学生进行自主学习、探究学习等数学活动上,应放在数学知识技能、教学思想方法形成和发展上,应放在如何使学生真正理解数学知识上,应放在如何培养学生的探索意识、创新能力上。

初中数学教学设计是一个学习的过程、研究的过程。一个成功的教学离不开成功的设计,只有充分酝酿、思考,驾驭教材、驾驭学生,才有可能使教学精彩纷呈,高潮迭起。同时,我们更要关注教学设计的反思问题,及时反思自己的教学行为,适时改进教学设计理念和方法。

后记

《周礼·地官司徒》序中,郑玄注师字说:"师,教人以道者之称也。"《礼记·文王世子》:"师也者,教之以事而喻诸德者也。"《礼记·学记》:"君子既知教之所由兴,又知教之所由废,然后可以为师。"孔子说:"温故而知新,可以为师矣。"韩愈在《师说》云:"师者,所以传道授业解惑者也。"教师的角色必须以学生的发展为前提,强调专业知识与技术,信守教育的理想、献身教育工作,参与专业决定、负起专业责任。

习近平总书记关于新时代教师队伍建设改革的重要论述,紧紧围绕"教师是立教之本、兴教之源"这一重要性和特殊性定位以及"立德树人"这一根本任务,从爱国情怀、理想信念、道德情操、仁爱之心、扎实学识、改革创新等方面进行了论述和深刻阐释,既深刻体现了党对教师队伍建设的一贯要求,又精辟揭示了教师发展的内在规律,提出了与时俱进的新期待、新要求。

教育的对象是处在各种环境中的真实具体的人。这个"人"是课堂中活生生的人,时刻都在发生变化。课堂教学组织方式和教学方法是为学生服务的,教师应针对不同的学生采用不同的教学方式。教学方式是可以随时调整变化的,其都是为学生和教学内容服务的。课程改革的目的之一在于增效,而绝不是减效或失效。在新课程改革中，一些合作学习变成了无效的玩耍，一些自主探索变成了低效的"放养"，一些情境教学消减了学生的独立感悟，一些启发式教学堆砌了无聊的提问……种种现象都说明：新课程改革需要有效教学，绝不能以低效甚至无效的教学给新课程改革造成消极的影响。面对新课程改革，教师除了要认真解读、领悟新课程思想，树立正确的观念，接受各种教师培训外，还要根据新课程的要求，及时转变自身的工作方式，实施有效的课堂教学。

随着社会不断发展变化，社会也赋予教师职业内涵越来越丰富的内容。教师专业化需要教师群体的主动发展。教师也是学习者，也需要不断地成长。教师专业化的发展及形成是在自身专业领域范围内不断地学习、深化、研究及实践基础上逐渐形成的。这个过程需要自身强大的自主学习能力和坚定不移的学习意志，需要不断提升自己的专业素养。课堂教学是教学的基本形式，是学生获取信息、提高技能和形成思想观念的主渠道。然而课堂教学的时间是有限的，教师要实现以最少的时间获得学生的最大进步与发展，新课程改革、减轻学生过重的课业负担面临的问题就是如何使课堂教学效益最大化，提高课堂教学有效性是重要的途径。

人们对教育的诉求已经从"有学上"转变为"上好学"。优质教育资源的短缺问题日益明显。人们对教育的选择与期许更多的是对教师的选择。和谐的师生关系能够有效提升课堂教学的质量。和谐的师生关系主张师生之间能够平等对话，平等对话的前提是双方的人格平等。教师要换位思考，关怀学生。教师在课堂上不应居高临下地自说自话，而要让学生有说话的机会和权利。课堂上教师关注的不应是完成简单量化的教学目标，而是实施好的教育理念，为了每一个学生都能够健康积极地参与学习。教育的本意是要充实人的情感，作为教师不能把学生的精神世界全部挤压到学习里去。提高课堂教学有效性一直是我思考并探索的问题。经过多年的实践探索，我在初中数学课堂教学的有效性上有了一些体会，也看到了一些成效。因此，我通过教学案例、教学设计和教学反思来分享自己的一些做法和经验。

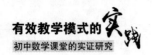

在各方领导和同行专家的帮助下,《有效教学模式的实践——初中数学课堂的实证研究》一书得以出版。感谢在我的从教路上给予我无私帮助的人,感谢学校及领导的引领和大力支持,感谢和我一起并肩行走在教育路上的同伴们,正是因为有了你们,才有了我在教育领域的深刻领悟。希望本书能够给读者带来一些启示,也衷心期待着读者提出宝贵意见,我将继续努力丰富和完善教育教学思想,不断反思,为更好地服务广大师生贡献自己的绵薄之力。

作为教育工作者,我们的教育生涯还很长,走过的路程伴有欢声笑语,也有困惑迷茫。但我坚信"山重水复疑无路,柳暗花明又一村"。希望我这些年积累的一点教育教学经验能对教育同仁、教育事业有所裨益。在教育这条路上,我们所有人都在竭力奔走,唯有一腔热忱,散尽芳华。

鉴于本人认识水平和编写水平的局限,本书中可能存在一些错误与疏漏,恳请大家不吝赐教,以待今后修正完善。

刘志华

2020年10月